联盟

互联网时代的人才变革

［美］ 里德·霍夫曼（Reid Hoffman）◎著
本·卡斯诺查（Ben Casnocha）克里斯·叶（Chris Yeh）

路蒙佳◎译

中信出版集团｜北京

图书在版编目（CIP）数据

联盟：互联网时代的人才变革/（美）霍夫曼，（美）卡斯诺查，（美）叶
著；路蒙佳译. —北京：中信出版社，2015.2（2024.12重印）
　书名原文：The Alliance: Managing Talent in the Networked Age
　ISBN 978-7-5086-4935-1

　I. ① 联… 　II. ① 霍… 　② 卡… 　③ 叶… 　④ 路… 　III. ① 企业管理－
人才管理 　IV. ① F272.92

中国版本图书馆CIP数据核字（2014）第 257842 号

联盟——互联网时代的人才变革
著者：　　　〔美〕里德·霍夫曼　〔美〕本·卡斯诺查　〔美〕克里斯·叶
译者：　　　路蒙佳
出版发行：中信出版集团股份有限公司
　　　　（北京市朝阳区东三环北路 27 号嘉铭中心　邮编　100020）
承印者：　　北京通州皇家印刷厂

开本：880mm×1230mm　1/32　　印张：7　　　　字数：75 千字
版次：2015 年 2 月第 1 版　　　　印次：2024 年12月第 57 次印刷
京权图字：01-2014-6117　　　　　书号：ISBN 978-7-5086-4935-1
定价：69.00 元

里德　献给杰夫·韦纳，我在领英的出色伙伴和本书的重要协助者。

本　献给布拉德·费尔德和埃米·费尔德，感谢他们对我的信任。

克里斯　献给我的父母格雷斯和米尔顿以及我的姨妈贾妮，他们一直相信我有写作天赋。

第一章

互联网时代的雇佣关系
——通过联盟重建信任与忠诚

> 是时候重建雇主与员工的关系了。商业世界需要有利于相互信任、相互投资、共同受益的新雇佣关系框架。理想的雇佣关系框架应鼓励员工发展个人人脉、勇于开拓实干，而不是成为唯利是图的跳槽专业户。

第二章

任期制

——设计渐进性承诺

> 通过将员工在你的公司度过的职业生涯重新规划为一系列连续的任期，你可以更好地吸引和留住开创型员工。任期制让员工可以承担一系列对个人有意义的不同任务，从而帮助他们谋求在一家公司的长期职业发展。

第三章

任期中的协调

——协调员工与公司的目标和价值观

> 最有开创精神的员工希望建立有别于雇主的"个人品牌"，这是对终身雇佣制年代结束的理性而必要的反应。公司不需要无条件地支持员工的理想，但必须尊重他们。协调意味着管理者应该明确追求并强调公司与员工价值观之间的共性。

第四章

执行转变期计划

> 每位员工入职后都会进入转变期，设置转变期的框架，可以让管理者与员工明确互赢的最低承诺，巩固员工与公司的关系。在任期中途和任期即将结束时，会发生许多意外的变化，如何应对这些不确定的状况，也是本章要讨论的问题。

第五章

利用员工人脉获取情报

——让世界为我所用

> 公司必须了解员工在业内的宽广天地，而员工应该意识到他的职业人脉是能够提升自身长期职业前景的重要资本之一。同时，作为联盟的一部分，员工应该利用自己的人脉发展雇主的业务，因为他的业内熟人掌握的技能可能对公司十分重要。

第六章

执行人脉情报计划

管理层应该关注如何让员工把人脉情报带回公司。招聘时把应聘者的人脉实力作为优先考虑条件，并且执行有助于员工建立个人人脉的策略，比如鼓励员工积极使用社交媒体展示自己、建立"人脉资金"等。

第七章

投资公司同事联络网
——终身联盟的互惠关系

当一家公司真正致力于维护同事联络网时，双方的价值都可以大大提升。终身雇佣制可能结束了，但终身关系仍然是人们梦寐以求的。麦肯锡的许多名声和业务都来自其强大的同事人脉，它可以提供人脉情报，推荐人才，甚至是提高销售额。

第八章

发挥同事联络网的功效

> 所有健康的关系都是从考虑如何互助开始的。公司同事联络网可以作为招聘过程中的卖点，也可以让现有员工简单明了地获取人脉情报，甚至在员工离职时，同事联络网能够巩固公司与他们的终身联盟关系。

THE ALLIANCE

Managing Talent
in the Networked Age

第一章

互联网时代的雇佣关系
——通过联盟重建信任与忠诚

是时候重建雇主与员工的关系了。商业世界需要有利于相互信任、相互投资、共同受益的新雇佣关系框架。理想的雇佣关系框架应鼓励员工发展个人人脉、勇于开拓实干，而不是成为唯利是图的跳槽专业户。

THE ALLIANCE

Managing Talent
in the Networked Age

试想这是你第一天到一家新公司上班。公司经理热情欢迎你来到这个"大家庭"，并表示希望你在今后许多年中为这家公司效力。然后，他把你带到人力资源部，那里的负责人让你坐在一间会议室里，花 30 分钟时间说明 90 天的试用期，而且即使过了试用期，你也只是一名"自由雇佣制"员工。"无论何时，无论何种原因，你都可能被解雇。即使你的老板完全没有理由，你也可能被解雇。"

　　你刚刚经历了现代雇佣关系的根本性脱节：雇主与员工的关系建立在不诚实对话的基础上。

　　如今，几乎没有公司会直截了当地提供有保证的职位；

这种保证会被员工们认为是幼稚、虚伪的，或者兼而有之。相反，雇主会含糊其词地谈论录用和任期问题：他们的目标是留住"优秀"员工，而时限是——不确定的。这种模糊性实际上破坏了信任基础——公司要求员工向其做出承诺，但不会报以相同的承诺。

许多员工的对策是做两手准备，一有机会就跳槽，不管他们在面试过程或年度考核中如何表忠心。

双方的行为方式与其官方立场公然矛盾。由于这种相互的欺骗，双方互不信任。自然，也没有哪方会从这种关系中充分获利。雇主不断失去有价值的人才，而员工无法充分投入目前的工作，因为他们正不断地在市场上寻找新机会。

与此同时，管理者被夹在中间。他们连承认这个问题都十分谨慎，更不用说解决它了。他们不是思考如何以有远见的方式促进员工发展，而是担心如何在完成重要项目之前保证团队的完整性。没人想冒被抛弃的风险，因此没人投资于长期关系。

雇主、管理者和员工需要一个新的关系框架，一个他们彼此承诺可以真正保持的关系框架。这就是本书旨在探讨的内容，我们认为它将有助于打造成功的企业和发达的事业。

旧的雇佣模式非常适合处于稳定期的公司。在稳定期中，公司不断壮大，以利用规模经济、改进流程。这些企业巨头向员工开出了一笔心照不宣的交易：我们提供终身工作以换取忠诚服务。"最大化地保障员工是公司的首要目标"，通用电气（GE）的员工福利经理厄尔·威利斯（Earl Willis）在1962年写道。[1] 在那个年代，职业被认为几乎与婚姻一样永固。雇主与员工彼此承诺，不管业绩好还是差，不管牛市还是熊市，只有退休才能将他们分开。对于白领专业人士而言，职业生涯的进程就像乘坐自动扶梯，只要循规蹈矩，未来就一定能按部就班地晋升。由于双方都预期这段关系将永久存在，因此双方都愿意对这段关系和彼此进行投资。

然后世界发生了变化，这种变化既有理念上的，也有技术上的。股东资本主义的兴起导致公司和管理者将重点放在实现短期财务目标以提升股价上。长期投资让位于短期成本削减措施，例如"规模优化"，即我们过去常说的"裁人"。大约在同一时期，微芯片的发展迎来了信息时代，引发了通信革命和商务全球化。美国三大汽车制造商等公司发现它们正在与更精益高效、更野心勃勃的对手竞争。

由于这些转变，20 世纪五六十年代的稳定让位于迅速而不可预测的变化，曾经稳如泰山的公司开始被越来越快地挤出标准普尔 500 指数。[2] 适应力和企业家精神成为实现并维持商业成功的关键，随着计算机和软件的普及将摩尔定律渗透进经济的每个角落，它们的重要性日益增长。如今，任何连上互联网的人都有能力与全球数十亿人沟通。

人类历史上从未有如此多的人被网络联系在一起。

终身雇佣制这种传统模式非常适合相对稳定的时期，但它对于当今的网络时代来说太过死板。几乎没有美国公司能继续为员工提供传统的职业晋升阶梯，这种模式正在全球出现不同程度的解体。

为了应对这些竞争压力，许多——可能是大部分——公司将雇主与员工的关系简化为有约束力的法律合同中的明确规定，以期提高自身灵活性。这种法条主义方式将员工与工作都当作短期商品对待。需要削减成本？那就裁员吧。需要掌握新能力的人才？不要培训你的员工——招新人进来。不少公司坚持说，"员工是我们最宝贵的资源"，但当华尔街希望削减开支时，它们"最宝贵的资源"忽然变成了它们最可替代的资源。

20 世纪 80 年代，世界大型企业联合会（Conference Board）的一项调查发现，56% 的高管认为"忠于公司，进而忠于其商业目标的员工理应获得持续受雇保证"。仅仅 10

年后，这个数字就暴跌至 6%。[3] 还记得通用电气对最大化地保障员工的重视吗？到了 20 世纪 90 年代，通用电气的首席执行官杰克·韦尔奇（Jack Welch）这样说："对公司忠诚？这毫无意义。"[4]

在自由雇佣制年代，员工被鼓励将自己看作"自由人"，寻找最好的发展机会，只要有更好的工作机会出现就跳槽。《韬睿惠悦 2012 年全球劳动力研究》发现，尽管约一半员工希望留在现公司，但多数人认为自己将会去其他公司工作以谋求职业发展。[5]

"这只是笔生意"已经成为主导理念。忠诚是罕见的，长期关系更加罕见，而关系的破灭却屡见不鲜。

因此，管理者和员工终将在"欢迎来到公司"的幸福时刻后面面相觑，清楚他们的关系依赖于自我欺骗，却对此无能为力。

无论公司如何渴望稳定的环境，员工如何渴望终身受雇，世界都已经发生了不可逆转的变化，但我们也不能继续走以前的老路。商业环境中的信任感（以声称自己高度信任"所在公司及其管理层"的员工所占的比例衡量）已接近历史最低点。[6] 没有员工忠诚的企业就是没有长远考虑的企业，没有长远考虑的企业就是无法投资于未来的企业，而无法投资于未来机会和科技的企业，就是已经在走向灭亡的企业。

联盟

如果我们不能回到终身雇佣制的年代，也不能维持现状，那么是时候重建雇主与员工的关系了。商业世界需要有利于相互信任、相互投资、共同受益的新雇佣关系框架。理想的雇佣关系框架应鼓励员工发展个人人脉、勇于开拓实干，而不是成为唯利是图的跳槽专业户。它让公司充满活力、高标准严要求，同时防止它们将员工当作可处置资产对待。

《联盟》为公司及其员工指出了一条路。我们不能恢复终身雇佣制的旧模式，但我们能建立一种新型忠诚观，它既承认经济现实，又允许公司和员工对彼此做出承诺。我们的目标是提供一种使雇主与员工之间从商业交易转变为互惠关系的框架。不妨将雇佣关系看作一个联盟：一份由独立的双方达成的，有明确条款的互惠协议。这种雇佣联盟为管理者和员工提供了建立信任、进行投资，以建设强大企业和成功事业所需的框架。

在联盟中，雇主和员工建立的关系基于他们为对方增加价值的能力。雇主需要告诉员工："只要你让我们的公司更有价值，我们就会让你更有价值。"正如贝恩公司（Bain & Company）的首席人才官拉斯·哈吉（Russ Hagey）告诉新员工和咨询师的："我们将让你（在整个劳动力市场上）更抢手。"

员工需要告诉他们的老板："如果公司帮助我的事业发展壮大，我就会帮助公司发展壮大。"于是，员工致力于帮助公司取得成功，而公司致力于提高员工的市场价值。通过建立互惠联盟而不是简单地用金钱交换时间，雇主和员工可以投资于这段关系，并承担追求更高回报的必要风险。

例如，许多人力资源主管和高管在培训与开发项目上花了重金却眼睁睁地看着员工在几个月后离职，难免感到沮丧。如果你认为员工是自由人，自然的反应就是削减培训预算。为什么要为竞争对手培训新员工呢？在联盟中，管理者可以开诚布公地谈论公司愿意为员工进行的投资和公司期望的回报。员工可以开诚布公地谈论他寻求的发展类型（技能、经验等），以及他通过努力可以为公司带来的回报。双方都设定了明确的预期。

当一家公司及其管理者和员工采取这种方式时，各方都可以专注于中长期收益的最大化，为所有人创造更大的蛋糕，为公司带来更多创新、韧性和适应性。

我们是一个团队，不是一个家庭

网飞公司（Netflix）首席执行官里德·哈斯廷斯（Reed Hastings）在关于该公司文化的一次著名演讲中说道："我们是一个团队，不是一个家庭。"[7]他继续启发管理者自问："在自己手下的员工中，哪些人要离职去一家同行公司做类似工作时，我会全力将他们留在网飞？而对于其余的人，我们应该给他丰厚的遣散费，好空出一个位置，找到适合它的明星员工。"

我们相信，多数首席执行官将他们的公司形容为一个

"家庭"时本意是好的。他们正在寻找一种模式来表示他们希望与员工保持的关系——一种带有归属感的终身关系。但使用"家庭"这个词很容易让人产生误解。

在真正的家庭中，父母不能开除他们的孩子。不妨试想一下因为孩子表现不好而抛弃她的情况："我们很抱歉，苏茜，但你妈妈和我认为你不适合我们。你摆桌子的技巧没有体现出我们著名的卓越客户服务经验，我们不得不让你走了。但别误会，这就是家庭。"无法想象，对吧？但这就是首席执行官将公司形容为家庭，然后进行裁员时发生的情况。不管法律如何规定自由雇佣制，这些员工都会感到被伤害和背叛——这是理所当然的。

相反，一支职业球队有明确的目标（赢得比赛和冠军），队员为了实现这个目标聚到一起。但球队的成员构成也会发生变化，原因可能是队员选择去了其他队，也可能是球队经理决定裁减或交易队员。从这个意义上讲，企业更像是球队而不是家庭。

尽管职业球队不采用终身雇佣制，但相互信任、相互投资、共同受益的原则仍然适用。只有当队员们彼此非常信任，将团队成就置于个人成就之上时，团队才会胜利。而团队胜利是队员实现个人成就的最佳方式。胜利队伍的队员会被其他队争相求购，它们看中的既有这些队员展现出的技能，也有他们帮助新队伍建立胜利文化的能力。

球队的概念定义了我们如何合作，为了什么目的合作，但家庭的概念仍然很重要，因为它定义了我们如何对待彼此——带着关爱、欣赏和尊重。（例如，建立公司同事联络网的好处之一是，即使雇主和员工不再在同一个屋檐下工作，它也能让他们像家人一样保持联系。第七章和第八章将详细阐述这一点。）

从开创型人才中获得价值

　　我们三位作者来自雇佣联盟已经根深蒂固的商业环境——硅谷的高科技初创企业社群。正如过去 10 年其经济增长所示，这是世界上最能激发适应力和创新的地方。如果你希望自己的企业在瞬息万变、颠覆性创新层出不穷的环境中生存壮大，就需要具备这个生态系统的标志——适应力。

　　显然，并非每个行业都像硅谷一样运作，许多老牌公司也不应该全盘照搬初创企业的战略。问题是硅谷的哪些经验是普遍适用的？主流媒体对硅谷的报道往往集中于华而不实的细节。但将硅谷的成功归功于自助餐厅的四星级餐点、桌上足球甚至是股票期权，就好比将法拉利的强劲动力归功于其鲜红色的油漆一样。

硅谷的真正秘密在于它的以人为本。没错，媒体上充斥着关于这一行中的年轻天才的故事，但关于管理实务的故事却少得出奇。主流媒体忽略的是，硅谷的成功来自这里的公司与员工建立联盟的方式。在这里，人才是真正最宝贵的资源，因此员工格外受重视。最成功的硅谷企业之所以成功，是因为它们利用联盟来招聘、管理和留住才华横溢的开创型员工。

开创型员工具备eBay（亿贝）首席执行官约翰·多纳霍（John Donahoe）所说的创始人思维。他这样和我们解释这个概念："拥有创始人思维的人会推动改变、激励人心、出色地完成任务。"我们的前一本书《至关重要的关系》（*The Start-up of You*）向专业人才说明了如何培养适合任何职业的创始人思维。实际上，具备创始人思维并不一定意味着你要开办自己的公司。许多有这种天分的人十分乐意在eBay或领英（LinkedIn）这种公司工作——只要这些公司维持鼓励开创性行为的雇佣联盟。让员工专注于开创事业是件好事，毕竟，如果员工感觉不到积极投入自身事业的迫切需要，就可能无法做出公司调整和成长所需的迅速决断。

创始人思维和需要与公司融为一体的联盟并非总那么至关重要。在旧经济（稳定的经济）中，效率是基本诉求。雇主要求员工按部就班地工作，使他们能够培养出更高的专业化水平。但当市场发生变化时，专业化往往会从资产变为负债，正如众所周知的落伍的制造企业的例子。在竞争激烈、科技瞬息万变的新经济中，市场无时无刻不在变化。

如今，开创性思维和行动是公司需要员工具备的最重要的能力。随着竞争步伐加快，它们变得越来越重要。下面以皮克斯和亚马逊这两个创新巨头为例，这些例子说明，只需少数几名开创型员工，就能带来巨大影响。

皮克斯的约翰·拉塞特

约翰·拉塞特（John Lasseter）是每家创新型公司都想要的开创型员工。如果你看过《玩具总动员》、《海底总动员》和《怪兽电力公司》等电影，就会很熟悉他的工作。他的电影仅在美国的总票房就超过 35 亿美元，平均每部电影的票房超过 2.5 亿美元，这让皮克斯成为有史以来最成功的电影公司。[8] 人们不知道的是，他的老东家迪士尼曾经把他开除。

拉塞特是在迪士尼开始他的职业生涯的，当时他还是一名年轻的动画设计师，那个年代的动画都是先用纸笔画出来，再做成电影胶片。一天，一名同事给他看了一段当地会议的视频，视频中介绍了新兴的电脑动画技术。拉塞特萌生出一个大胆的想法——迪士尼应该拍一部完全用电脑动画技术制作的电影。他找经理说明了自己的想法。他们认真听他说完，然后让他回到自己的办公桌前。几分钟后，他收到了迪士尼动画部总监的一通电话——通知他被解雇了。他被解雇的理由是：他的疯狂想法让他无法专心工作。

和许多有创始人思维的人一样，拉塞特拒绝放弃他的梦想。他加入了乔治·卢卡斯（George Lucas）的卢卡斯影业，在埃德·卡特姆（Ed Catmull）领导下的电脑部制作电脑动画。几年后，卢卡斯将当时不赚钱的这个部门卖给了史蒂夫·乔布斯（Steve Jobs），后者将这家公司命名为皮克斯。1995年，皮克斯与迪士尼合作，推出了世界上首部电脑动画电影——《玩具总动员》。

2006年，也就是《玩具总动员》上映11年、拉塞特被解雇23年后，迪士尼意识到它拒绝电脑动画是个错误，并最终把拉塞特请了回来。但购买皮克斯花了迪士尼70多亿

美元。于是，拉塞特最终回到了迪士尼，并成为迪士尼动
画工作室的首席创意官。[9]

　　迪士尼管理层雇用了拉塞特这样的开创型人才，但他
们将他当作一件商品而不是一个盟友对待，在这个过程中，
他们丧失了开发价值数十亿美元业务的机会。拉塞特本来
很乐意在迪士尼开发这项业务，但他的老板们没有给他这
个机会。

本杰明·布莱克和亚马逊的网络服务

　　亚马逊没有犯和迪士尼一样的错误。最近，它利用联
盟原则创造了价值数十亿美元的新业务。亚马逊成了云计
算领域的领导者，这要归功于 AWS（亚马逊网络服务），它
让公司可以租用在线存储空间和电脑运算能力，而不是自
己购买和使用服务器。从《财富》世界 500 强到单人初创
企业都利用 AWS 经营业务。多数人没有意识到的是，AWS

这个创意并非来自亚马逊著名的创始人兼首席执行官杰夫·贝佐斯（Jeff Bezos），甚至也并非来自他的高管团队，而是来自一名"普通"员工。

2003 年，网站工程经理本杰明·布莱克（Benjamin Black）写了一篇短文，描述了亚马逊基础设施的发展前景，并建议卖掉虚拟服务器这项服务。[10] 他意识到让亚马逊成为高效零售商的业务专长可以转而服务于电脑运算能力的一般市场。布莱克和他的经理克里斯·平卡姆（Chris Pinkham）向贝佐斯解释了这个概念，几个来回后，贝佐斯让平卡姆负责开发一个项目，该项目成为后来的AWS。当亚马逊的董事会质疑该公司是否应该从事与在线零售业关系甚微的业务时，贝佐斯为这个想法进行了辩护并将其付诸实施。AWS于 2006 年推出，2013 年，它为亚马逊贡献了约 38 亿美元的收入。[11]

和约翰·拉塞特在迪士尼的上司不同，贝佐斯对亚马逊员工的开创性贡献持开放态度——即使这些想法不属于华尔街（甚至是自己公司的董事会）心目中的公司核心业务。AWS准确代表了所有首席执行官或股东希望员工创造的价值。你希望员工上班时想出价值数十亿美元的点子吗？你必须吸引具有创始人思维的专业人才，然后将其创新冲动与公司需求结合起来。正如Intuit（财捷）的首席执行官布拉德·史密斯（Brad Smith）告诉我们的："领导者的任务不是培养能人，而是认识到人们已有的才华，并创造出让其产生和成长的环境。"

改造团队

我们写这本书，是为了分享我们对如何经营雇主与员工关系的看法。我们的联盟理念与公司管理的标准做法可能存在分歧。你可能不同意我们说的每件事，但如果你认为招聘人才、管理人才和留住人才是当今公司适应和发展所需的优先要务，那么本书将提供一个框架和实用建议，包括附录中列出的一份详细的联盟声明样本。我们将解决如下问题：

- 如果我不能保证终身雇用我的员工，那么我如何与他们建立信任和忠诚？

- 如何让联盟适用于不同类型和水平的员工？

- 当我们的最终目标和价值观不同时，我如何与开创型员工建立关系？

- 我应该让员工在工作场所建立何种人脉和个人品牌？

- 我如何用有限的时间和资源建立有效的公司同事联络网？

理想的做法是，在首席执行官的主导下，全公司共同致力于建立联盟。首席执行官或高管将了解到人们认为公司应该如何考虑这些想法。有些建议，例如建立公司同事联络网，最好在首席执行官的支持下进行。

但我们也承认，将联盟付诸实践时，承担主要责任的人实际上是管理者。如果你是一名管理者，你将找到帮助你落实联盟的工具，这样你就可以开始改造你的部门或团队。

　　对于员工而言，这本书可以帮助他们理解在与管理者商定的联盟中，自己所能做出的承诺以及可以期望的收获。

　　《联盟》不仅说明我们需要一种新方式来经营企业，还是一幅如何将其付诸实施的蓝图。这是一种不用牺牲适应力就可以投资于长远未来的方式。联盟提高了员工的适应力和技能，从而让他们更有价值，它能帮助并指导管理者更好地与直接下属合作，还将教会公司有效地利用和留住开创型员工。

第二章

任期制
——设计渐进性承诺

通过将员工在你的公司度过的职业生涯重新规划为一系列连续的任期，你可以更好地吸引和留住开创型员工。任期制让员工可以承担一系列对个人有意义的不同任务，从而帮助他们谋求在一家公司的长期职业发展。

THE ALLIANCE
Managing Talent
in the Networked Age

戴维·哈恩（David Hahn）是怎么从毫无商业经验的23岁小伙子成长为硅谷最知名的高管之一的？答案是，在领英工作的9年中，他采用了一种独到的职业规划方式。经历了四段不同的"任期"后，哈恩改变了这家公司和他的职业生涯。

　　他的第一段任期是担任初级业务分析师。他的最后一段任期是作为副总裁管理领英所有的货币化产品。每次与不同的管理者合作时，他都会制定一个任务目标，让双方都能长期受益。对公司而言，它在哈恩的领导下推出了数十种重要产品。对员工（哈恩）而言，他获得了实现自己的长期理想——成为成功的公司创始人——所需的管

理经验（我们将在第三章中用更长的篇幅讨论哈恩的价值
观和理想）。

身为领英的管理者，哈恩还与团队成员明确了他们的
任期计划，鼓励他们在领英内部轮换到新岗位上，这样他
们就能获得跨领域的工作经验。尽管哈恩的许多团队成员
都乐意在他手下工作，但哈恩还是这样做了。他将帮助他
们成长视为自己的责任。这一看似矛盾的事实——在一段
长期关系中定期变换角色——正是任期制的本质。

"任期"一词来源于军事中的"服役期"（tour of duty），
任期计划指的是一项特定任务或安排。士兵们在军旅生涯
中通常会服多个役期，正如员工会在某家公司和整个职业
生涯中承担许多不同项目或任务一样。

显然，企业和军队只有部分地方类似——像管理一支
军队一样经营一家企业既困难又不明智，尤其是在当今的
世界。你可能不具备司令官的权威和手段。当一名员工离
开你的公司时，大家可能会为他开欢送会。当一名士兵未

经许可离开军队时，他属于擅离职守，将被送上军事法庭
（可能还要蹲几年军事监狱）。多数公司也不会提供美国军
队的工作保障和社会保障。但这个比喻传达了军队服役期
和企业任期共同的核心概念：恪尽职守地完成某个具体、
有限期的任务。

在联盟中，任期代表雇主和员工对某项具体任务的道
德承诺。我们将这种方法视为一种结合了终身雇佣制和自
由雇佣制某些优点的方法。和终身雇佣制一样，任期制让
雇主和员工建立信任、相互投资。和自由雇佣制一样，它
保留了雇主和员工适应瞬息万变的世界所需的灵活性。

这种方法能减轻你和员工的压力，这同样是因为它会
逐渐建立信任。每个人都分步做出承诺，正如任何有意
义的关系一样，这种关系将随着各方证明彼此能够遵守承
诺而加深。任期制是一种设计渐进式承诺从而形成联盟的
方式。

通过将员工在你的公司度过的职业生涯重新规划为一

系列连续的任期，你可以更好地吸引和留住开创型员工。招募顶尖人才时，提供有具体收益和成果的明确任期优于"你将获得宝贵经验"这样的模糊承诺。明确规划一段有吸引力的任期可以让你指出提高员工个人品牌价值的具体方式——不论他是在本公司工作还是在其他公司工作，方法是提出一项具体任务、提高实际技能、建立新关系等。

例如，当里德·霍夫曼最初创建领英时，他向有才华的员工提供了一份明确的协议。如果他们签字同意接受一段两年至四年的任期，并对某些业务做出重要贡献，里德和领英就将帮助他们发展事业，以领英内部的另一段任期为优先形式。这种方法见效了：公司得了人心，获得了为帮助领英取得实际业绩而努力工作的员工，如果他选择在一段或多段任期后离职，他就成为公司的支持者和资源。而这名员工通过提高技能与增长经验改变了他的职业生涯。

我们写这本书时与几位管理者进行过交流，他们担心任期制可能会给予员工离职"许可"。但给不给这种许可由不得你，相信自己有这种权力只是自我欺骗，它会导致你与员工的关系变得不诚实。员工跳槽不需要你的许可，如果你试图主张这种权力，他们只会背着你行动。

任期的时间有限，也就限定了明确的工作重点和讨论未来关系时双方认可的时间框架。它让优秀员工有坚定充足的理由"坚持到底"并完成任期。最重要的是，符合实际的任期计划让双方坦诚相待，这是信任的必要条件。

我们承认，试图从硅谷找出建立长期关系的经验是很讽刺的。毕竟，硅谷是这样一种地方：如果一位工程师在早上更新领英的个人档案（或简历），到午餐时他就能拿到五份工作要约。但这正是你可以向硅谷学习的原因。这是地球上变化最快、最具竞争力的经济区域之一，在这里留住优秀员工极为困难，因此公司和管理者必须想方设法才能说服员工留下。在这种残酷的环境中，有效的人才管理术，例如任期制，经受住了竞争的考验。如果它在这里管用，那么它在任何地方都会管用。

通过诚实对话建立信任

迈克·加姆森（Mike Gamson）是领英最资深的高管之一。他花了近 9 年时间晋升到全球解决方案部（Global Solutions）资深副总裁一职，负责管理所有销售业务。在某种程度上，他的晋升可以用他培养人才的能力来解释，这是领英最重视的一项工作。他的领英个人档案标题说明了一切：热衷于人才投资。

加姆森说，他通过诚实建立起信任："我知道我的员工可能在某个时间离开公司。承认这一事实并不会影响我对他们的投资兴趣，相反，它赋予我这样做的动力。我向他们保证，一起谈论他们未来的工作绝对没问题，即使他们打算去别的公司。这有助于创造开诚布公的氛围，也有助于让他们理解我们的目标一致，都是为了让他们更上一层楼。"

诚实仅仅是加姆森策略中的第一步："我向他们说明，我的工作将如何为他们创造改变职业轨迹的机会，他们的责任是利用在这里的工作经验抓住这种机会，为自身创造长期价值。在某些情况下，这种价值将在他们离职后的职业生涯中体现得最明显。当我们在领英共事时，他们的快速成长让我们都能受益。共享利益是我的管理风格以及我对员工个人承诺的核心。"

领英的另一位高管，工程部资深副总裁凯文·斯科特（Kevin Scott）更明确地示范了诚实的重要性。他向每名下属提问："你离开领英后，打算做什么工作？"他向来领英面试的人提出相同的问题（"离开领英以后，你还想做什么工作"），以确保公司可以提供有助于其未来职业发展的任期计划。

加姆森和斯科特的方法都说明了任期制的基本悖论：承认员工可能离职实际上是建立信任，从而建立良好关系，以确保留住优秀人才的最佳方式。

波士顿咨询集团（Boston Consulting Group）的首席执行官里奇·莱塞（Rich Lesser）称其为建立"选择性加入"（opt-in）文化。"身为雇主并不意味着你要让员工感到有义务留下，"莱塞告诉我们，"你应该雇用你能找到的最优秀的人才，然后，创造环境让优秀人才决定留下并专心投入工作。自从我们强调这一点以来，我们的员工满意度高于以往任何时候，顶尖人才的留任比例也比10年前显著提高。"

三类任期

根据员工、公司、部门、行业和职位的不同,任期的具体情况也有很大差异。为了帮助你理解这些差异,我们将员工的任期分为三大类。

轮转期

轮转期不是根据员工个人情况定制的,而且往往是高度可换的——将一名员工换入或换出预先设定的岗位很容易。

第一类轮转期是一种有期限的标准化培训，它通常针对入门级员工。例如，投资银行和管理咨询公司设有二至四年的分析师培训项目，每人都要进行相同的基本培训，它们一般期限固定且独立完整。这种培训通常是明确的"入门培训"，帮助新员工从校园过渡到职场，或者从之前的工作环境过渡到新的工作环境。

硅谷的许多一流公司也采用了轮转模式，以"课程"形式雇用和培训入门级员工。例如，谷歌的人力运营（人力资源）部雇用的新毕业大学生将进入为期 27 个月的标准化轮转期，他们可以在一共 3 轮、每轮 9 个月的轮转期中尝试 3 种不同职位。[1]Facebook（脸书）采用类似模式培训新产品经理，他们要在 18 个月内加入 3 个不同的产品小组，轮换 3 次职位。[2]领英甚至有一个叫RotateIn的跨部门培训项目。

这种轮转期的目的是让双方评估雇主与员工的长期契

合性。如果他们之间表现得很契合，下一步就是确定更个性化的后续任期计划以最大限度地体现这种契合。如果任何一方表现得不契合，员工就可能离开公司，但这个过程不会有损于双方的名誉或关系。

另一类轮转期适用于所有职业阶段的员工。这种轮转期是高度标准化而且基本上程序化的，但着重于最大限度地发挥员工与当前职位的契合性，而不是培训员工适应不同职位。多数蓝领工作都属于这一类。例如，一条特定装配流水线上的工作可以被视为轮转期职位，而联合包裹服务公司（UPS）的司机也属于轮转期职位——这种职位是常规性和标准化的，因而从事这种工作的人才可以相对无缝地换入换出。

转变期

与轮转期不同，转变期是个性化的。它的重点不再是一段固定时期，而是更注重完成某个特定任务。它是你和员工之间一对一协商的结果。多数经理已经花了很多时间"管理"下属，但缺少进行诚实对话和确定具体期望的严格框架。任期制可以让你将这个过程变得规范明晰，而不是模糊隐晦。

转变期的核心承诺是，员工将有机会改变自己的职业生涯和所效力的公司。在这之后，他的领英档案看上去应该令人印象深刻得多！当转变期进入最后阶段时，你和员工可以开始就后续任期进行协商，以将员工留在公司。因为转变期之于轮转期代表更强烈的前瞻性承诺，因此默认的预期是，双方都希望投资于长期关系，并且可能会有后续任期。

按照一般的经验法则，初始转变期将持续2~5年。这个规律看来几乎普遍适用于任何企业或行业。在软件业，2~5年正好是普通产品的开发周期，它让员工可以完成一个重大项目。这种周期带来的一个影响就是，硅谷的股票期权行权的等待期通常为 4 年。在消费品行业中，宝洁（P&G）等公司的新品牌经理的初始任期为 2~4 年。

做出切实承诺能让员工获得某些实质成果。正如 Intuit 的首席执行官布拉德·史密斯所言："任期第一年让你获得该职位的重要背景知识，第二年是在转变过程中烙下你的鲜明印记，第三年至第五年是取得成功并再接再厉——或者当情况发展不符合你的预期时及时转变方向。"谷歌董事长埃里克·施密特（Eric Schmidt）告诉我们，他也喜欢将任期定为 5 年——两年进行学习，两年完成工作，一年安排过渡。随着你巩固与员工的联盟，后续转变期甚至可能比标准的 2~5 年更长。

制订一系列公司内部的转变期计划还是一种为员工提供有意义的内部流动的方式。汇丰银行（HSBC）北美区资深副总裁兼资源总监琼·伯恩斯（Joan Burns）利用这种内部流动提高员工留任比例：在金融服务企业中，员工可能会感到职业发展缓慢。人们往往认为职业发展意味着晋升，但职位平行调动也同样有价值。我们希望帮助员工培养既有助于他们又有助于我们的不同技能。在硅谷，思科（Cisco）的人才接轨计划（Talent Connection）帮助现任员工在思科内部找到了新机会，将员工对职业发展的满意度提高了将近20%。[3]

基础期

苹果的乔尼·伊夫（Jony Ive）、联邦快递（FedEx）的弗雷德·史密斯（Fred Smith）、IBM的金尼·罗曼提（Ginni Rometty），他们的生活都与公司水乳交融，他们都是处于基础期的员工。

雇主与员工保持高度一致性是基础期的标志。（我们将在第三章中详细讨论一致性的概念。）如果某名员工认为在某家公司的工作是他最后一份工作，而且这家公司希望这名员工一直干到退休，那么他就处于基础期。公司已经成为他职业甚至生活的基础，而这名员工也成为公司根基的一部分。员工将他一生的工作视为公司的任务，反之亦然。基础期制度承认并规范了这种现实。

某些类型的员工可能处于基础期。根据定义，公司创始人和首席执行官都处于基础期。例如，约翰·麦基（John Mackey）于1980年创建了全食超市（Whole Foods），将近35年后，他仍稳掌大权。麦基与沃伦·巴菲特（Warren Buffet）极其类似，后者从1965年开始就执掌伯克希尔-哈撒韦公司（Berkshire Hathaway），至今已有50多年。在领英，即使杰夫·韦纳（Jeff Weiner）也只当了5年首席执行官，但他已经足够成为公司的根基，以至于里德·霍夫曼将韦纳称为共同创始人，尽管韦纳是在领英成立很久之后才加入公司的。[4]

理想情况下，多数公司高管都应处于基础期。在苹果、亚马逊和谷歌等堪称适应力典范的公司中，首席执行官的下属高管平均任期为10年以上。当团队一起工作多年后，他们就将共享相同的经验背景，以便更迅速地交流和决策。

不过，并非只有高管会处于基础期。处于基础期的员工，不论他们在组织结构图中的哪个位置，都将有助于公司的延续和传承。这些中坚力量从某种程度上讲是公司的智慧和情感基础。例如，他们更关注产品质量并为生产出高质量产品而自豪，因为他们建立了一种主人翁意识（与金钱无关）。正像老话说的，没有人会洗租来的车。处于基础期的员工永远不会允许公司为了实现短期财务目标而偷工减料。

不妨将基础期制度想象为一种婚姻形式——双方都预期将永久存在一段长期关系，在这段关系中，双方将承担在关系结束前努力经营婚姻的道德义务。与健康的婚姻一样，基础期制度仍要求定期进行坦诚对话，以确保双方都能满意。员工和公司可能会发生变化，谁也无法保证员工和公司永远完全一致。

由于基础期阶段需要深度信任与一致，因此员工刚进入公司就达到这一阶段的情况极为罕见。入门级员工可能从轮转期或转变期开始，而高级员工将从转变期开始。从转变期过渡到基础期的员工将在心理上建立起对公司长期目标的主人翁意识。

以Intuit的布拉德·史密斯为例。2003年，史密斯进入公司时处于转变期。当史密斯最初加入公司并担任Intuit开发者网络（Developer Network）的总经理一职时，他和公司都希望评估彼此的长期契合度。没有哪方认为史密斯有朝一日会成为公司的首席执行官。但在转变期和两个后续任期中，史密斯和Intuit不断巩固彼此的关系，直到2008年，他同意进入基础期阶段——这次是作为总裁和首席执行官。任何人都能从史密斯的领英档案中看出他处于基础期：www.linkedin.com/in/bradsmithintuit。

任期的组合

我们在表 2–1 中总结了任期制。

没有哪类任期优于其他任期。多数大公司都会使用全部三类任期，尽管每类任期针对的员工人群不同。例如，一家公司不应让大部分员工担任基础期职位。如果这样做，就等于基本回归了终身雇佣制的旧模式。实际上，许多明星员工由于职业理想很高而明确拒绝接受基础期职位。有雄心的公司往往想招聘到希望有朝一日执掌公司的雄才。如果这些公司擅长招聘，而它们又显然没有足够的

表 2-1 任期制

	设计	协议	持续时间	过渡
轮转期	新入职员工按程序加入	评估与公司潜在的未来契合度；受雇情况可预测	典型的分析师培训通常为 1~3 年；其他轮转期；持续	员工可以开始另一段轮转期或者过渡到新转变期；在这之后离开公司时几乎没有或没有道德负担
转变期	单独协商	员工职业生涯的转变；公司的转变	由具体任务决定，通常为 2-5 年	在完成任务前，与员工协商是在实现公司决定一段新任期还是离开
基础期	单独协商	对公司而言，可以获得一个与核心价值观契合的骨干员工；对员工而言，可以从工作中实现深层目标与意义	持续	双方都预期这段关系将永久存在，并尽力维持这段关系

首席执行官或总经理职位以满足所有明星员工的雄心，那
么这就意味着这些员工有朝一日不得不离开公司，以实现
他们的最终目标。还记得通用电气用杰夫·伊梅尔特（Jeff
Immelt）接替杰克·韦尔奇后发生了什么吗？其他顶级人才
几乎立即离开了通用电气，担任了其他公司的首席执行官
[如鲍勃·纳尔代利（Bob Nardelli）担任了家得宝的首席执
行官，吉姆·麦克纳尼（Jim McNerney）担任了3M的首席
执行官]。

　　不妨将不同的任期想象为金属合金的不同成分。不同
成分导致了不同功能，而不同功能适合不同用途。我们不
会用建造摩天大楼的合金制造涡轮喷气发动机的零件或锋
利的厨师刀。

　　轮转期帮助公司雇用大量员工从事稳定、易于理解的
工作，从而提供了规模化能力。这些工作的标准化性质使
其更容易完成，也更容易招聘到人才，尤其是大规模地招
工和开工。

转变期提供了适应力，它可以为公司带来所需的专门技能和经验。富有活力的行业通常竞争得更激烈、技术变革更迅速、人才争夺更白热化。创始人思维对于在这些行业取得成功至关重要，这意味着这些行业的公司需要更高比例的转变期员工。

基础期有助于公司留住着眼于长期的员工，从而提供了连续性。你的高管团队应该由基础期员工组成。

轮转期、转变期和基础期的最优组合取决于公司所处的具体市场环境。硅谷的公司，包括初创企业，主要（约80%）依赖于转变期员工加上少数基础期和轮转期员工。这让它们可以获得绩效卓越、适应力强的劳动力。相反，处于稳定市场和准垄断市场的制造业公司可能更多地依赖于轮转期（通常是低价值工作）和基础期员工（为了利用他们积累的知识）。

宽泛地讲，对适应力的需求使任期最优组合从基础期转向转变期，这种趋势还可能继续。硅谷与其说是一个例外，不如说是任期制的早期采用者。我们已经应对过数十年的全球竞争和瞬息万变的技术变革，我们的应对方法是转向转变期模式。由于转变期模式与多数公司的管理实践相去甚远，因此本书的重点是定义和执行这类任期。所以，无论何时我们提到"任期"，你都可以假设我们指的是转变期。

任期的广泛适用性

没有公司能比硅谷初创企业与快餐业巨头麦当劳的对照更加鲜明。麦当劳牌子大、历史久，收入主要来自出售汉堡包、薯条和奶昔，而半个世纪以来这些产品几乎没有变过。

尽管与硅谷的初创企业存在很大差异，但麦当劳的例子实际上说明了任期背后的企业精神。麦当劳加拿大区的首席人才官莱恩·吉拉德（Len Jillard）说："不管你在我们这里干一年还是几年，我们都将帮助你迎接未来。我们将对你和你的成长投资。你可以利用我们帮你培养的能力，去做你选择做的任何事情，不管是在麦当劳还是别的地方。"[5] 一些人，例如吉拉德自己，在麦当劳干了非常久。多数人在一两个任期后离开了公司，但他们可以从这段经历中获得有用的经验。成为一位著名首席执行官之前，年轻的杰夫·贝佐斯在麦当劳做过汉堡。多年以后，他说，他在麦当劳的经理"非常出色"，教会了他责任的重要性。[6]

并不一定只有营利性企业才能利用任期制建立具有适应力的团队。Endeavor是一家为企业家服务的全球非营利性机构，这让适应力变得至关重要。据创始人之一的琳达·罗滕贝格（Linda Rottenberg）称，这种对适应力的需求提醒她采用任期模式作为人才策略。"从1997年开始，我就使用任期制与Endeavor的员工建立联盟，"罗滕贝格说，"我想聘用的开创型员工，应该能在任何地方竞争，符合Endeavor的人才需求。"

Endeavor雇用员工时，会明确提出期望他们完成多个轮转期，并与该机构保持终身关系。"从美国顶尖高校招聘的年轻人通常会完成两轮为期两年的轮转期，一轮是探索-选择型，一轮是企业家服务型，"罗滕贝格说，"几乎所有人都会继续念排名前五的商学院，加入一家顶尖科技公司，或者开办自己的公司——当他们心中的创业精神蠢蠢欲动时。作为公司的前员工，他们一直是Endeavor的忠实大使。"

公司中层的任期

公司长期以来都在提供资源为明星员工打造个性化职位和职业发展道路。通用电气等公司让有前途的年轻高管轮换岗位完成一系列任务，帮助他们获得在不同职位和市场上的经验。

然而，利用任期制将这种个性化方法推广至全体员工是可能的——实际上，也是必要的。随着全球环境变得越来越不稳定，你不能只依赖少数最优秀的明星员工提供必要的适应力。整个公司都需要开创型人才以应对迅速的变化。显然，你与暑期实习生商讨任期原则花的时间要少于与高管商讨任期原则的时间，但两者适用的原则相同。每段员工关系本质上都应该是双向的；双方应该清楚员工如何受益、雇主如何受益。

介于入门级员工和高管之间的员工组成了"公司中层"。对这些员工而言，成功的任期并不总是依附于某个职位或某种薪酬待遇。有能力的公司中层专业人才可能会完成多个任期而不变换职位。例如，在领英，有数百名优秀的软件工程师，公司极为重视他们，尽管他们中许多人不太可能晋升到管理层（甚至不被视为管理层的理想人选）。对他们而言，任期的开始与结束是以人脉的变化与壮大、项目的进展、技能和机会的变化为标志的。（我们将在本书第四章介绍这些小转变。）

而且，与按任期计划完成所有工作的经理不同，公司中层需要在这个过程中起到尤为积极的作用。他们应该寻找潜在机会为公司创造积极改变，并找出进行自我投资以提升职业前景的方法。这不是员工的负担：2012年，Career Engagement Group进行了一项调查，其中75%的员工称，他们愿意用自己的时间谋求职业发展，并学习更多有益于工作的知识。[7]

表2–2显示了明星员工和公司中层的任期差异。

表2–2　明星员工与中层员工

	明星员工	中层员工
职位	定期晋升	不一定有变化
过程主导者	他们的经理	他们的经理，但员工担任更积极主动的角色
员工目标	通过实现进取型目标帮助公司和自身事业取得进步	帮助公司适应竞争环境的变化，从而保持受雇能力

与员工建立长期关系

任期制让员工可以承担一系列对个人有意义的不同任务，从而帮助他们谋求在一家公司的长期职业发展。是的，任期有终点，但理想的情况可能是，任期的终点是同一家公司新任期的起点。例如，软件制造商赛仕软件（SAS Institute）认为，"员工在职业生涯中将有三四份工作，而公司希望它们都是在赛仕内部的工作"。[8]

每段完成的任期都在公司与员工间建立了相互信任的纽带，知道任期何时结束可以让你在员工另谋他职之前，

与他共同确定他在公司的下一个任期。即使员工希望考虑
在其他公司工作，在彼此信任的联盟中，他也会让你有
"优先对话权"，这意味着他会在接触其他雇主前与你讨论
他的计划。稍后我们将深入讨论这个概念。按照计划从一
个任期过渡到另一个任期，就像我们在建筑和桥梁中加入
的伸缩接头——它让这段关系按需调整，而不是为了保持
固定结构而在压力下断裂。领英的全球战略客户经理（也
是一名顶尖的整体销售人员）杰伊纳·金（Deina King）说
明了这种制度留住人才的能力。她已经在领英干了 5 年多。
她告诉我们："我可能不会在目前的职位上再干 5 年——领
英的革新潮流太强大，我确定自己会迎来新的挑战。未来，
我希望更进一步。我希望留在这家公司，并且已经将我的
想法告诉了上司。"这家公司不仅能与金建立深度信任，让
她提前数年告知上司自己的工作意向，她还明确表示希望
接受下一个任期。这不是跳槽专业户的态度，这是承诺持
续迎接职业发展与挑战的高级优秀人才的态度。

当然，持续性的重要性取决于公司及其所在行业的动态变化。例如，波音公司雇用了成千上万名工程师，并估计在工程师达到完全生产能力前公司必须花 10 年培训他们。反之，花了 10 年学习如何组装梦幻客机（Dreamliner）的波音工程师专注于对波音具有高度价值，但对其他雇主没那么有价值的一套技能。为了利用这些培训和技能的价值，波音公司和工程师必须承诺保持一段长期关系，这本质上就是基础期。任期框架的要点是，不管任期有多长，都应进行高度信任、高度诚实的对话，让双方能够进行明智的投资。

付诸实践：领英如何利用任期制

或许说明任期制的灵活性和范围的最佳方式是举出更多具体案例。以下就是里德在领英的两段经历。

埃达·古特金：建立长期关系

埃达·古特金（Eda Gultekin）是领英人才解决方案小组的全球解决方案总监。古特金一出大学校园，就圆了自己的童年梦想——她得到了一份设计洒水器电机的工作，成为一名工程师。尽管她喜欢自己的工作，但她发现自己更喜欢与人交谈，而不是整天坐在电脑前。和许多希望转型的年轻工程师一样，她回到学校，在斯坦福大学取得了工程与管理硕士学位。

从斯坦福毕业之后，她成为贝恩公司的一名咨询师，开始了一段经典的轮转期。她在那里的两年半是一段珍贵的经历，但她仍感到错过了什么。"我是个执行狂，"古特金告诉我们，"我喜欢干业务，我想要掌握结果。"作为贝恩公司业绩最好的员工之一，她获得了"企业外实习"的机会。她想获得商业实践经验，因此她找到了一名贝恩公司的前员工，前一年加入领英的丹·夏皮罗（Dan Shapero）。

古特金和夏皮罗与当时的人才解决方案小组副总裁迈克·加姆森一起为她制订了 6 个月的任期计划。领英担心公司可能面临部分客户流失的问题；古特金的目标是确定情况是否如此，如果是，那么提出一个解决方案。

古特金一投入这项工作，就认为项目范围需要拓宽，她与加姆森讨论了这个想法。她的分析结果最终导致公司成立了一个专门改善客户管理的新销售团队。

在领英的第一段任期中，古特金和公司明显都很适应彼此。"让我们找出适合你的职位。"加姆森说。他、夏皮罗和古特金共同为古特金制订了一个新的转变期计划。这次，她的目标是帮助销售团队找出销售新产品的方法。这将让她实现一个职业目标——获得管理经验，同时帮助领英改进一个重要的增长领域。

正如之前的任期一样，古特金在这个过程中重新定义了自己的目标。这个时机不适合完成她最初的目标，因此她转而着手在人才解决方案小组内部从头建立领英的招聘媒体业务（被称为"人才品牌"）。由于这是个全新领域，因此她甚至得不到其他部门团队的支持。在这个经典的事业开拓案例中，古特金做了实现目标所需的一切。她创建了一个该领域的商业投资案例，并组建了一支员工队伍。她自学了结构化查询语言（SQL），研究了Salesforce.com，因此她具备了改善销售过程中的网络环节所需的实务技能。

结果不言自明。2009年，这部分业务的年收入达到了120万美元。2013年古特金结束这段任期时，这部分业务的年收入已增至2亿美元。现在，"人才品牌"占领英人才解决方案团队整体业务收入的20%，她于2010年建立的全球售前咨询师、分析师和客户经理团队现在有85人。

在古特金任期的前两年，她与她的经理和领英建立了一个无比强大的联盟，这能够帮助他们处理意外情况。由于孕期并发症，古特金不得不比预期提前几个月开始休产假。尽管环境压力巨大，但古特金自信能够重返领英，因为她和公司已经建立起强大的联系。在她的女儿出生后，夏皮罗甚至鼓励她多休息一段时间以恢复身体，这意味着她总共休了11个月假——怀孕的最后3个月和8个月的产假。古特金很好地完成了她的工作；她每月与经理保持业务联系，以随时掌控企业动态。

当古特金回到公司时，她发现制订新任期计划的过程非常顺利，几乎连接得天衣无缝。在产假结束前大约 3 个月，古特金和夏皮罗制订了她的下个任期计划。"当我和丹谈时，"她说，"那感觉就像我从未离开。我认为我拥有的机会与休产假前相同。"在她的旧团队花了很短一段时间帮她重新适应全职工作之后，她开始了另一段转变期，这次是在销售部门。

和之前的任期一样，制定这段任期的过程也是古特金和她的经理合作完成的。"丹经常问，'你在今后 5 年里希望做什么？'然后我们就从那里倒推，"古特金告诉我们，"我想做总经理，于是我们认为我需要增加销售技能。我以前从未做过销售，但丹知道我的新鲜视角会很有用。"请注意，目标必须同时服务于员工和企业的要求；古特金和领英是强有力的联盟，因为他们相互信任，承诺为让彼此受益（对古特金来说是获得更全面的技能，对领英来说是获得新鲜视角）而相互投资（转到销售部门工作）。

正如你能从古特金的例子中看到的，不同类型的任期可以结合起来，形成她的职业生涯：从她在贝恩公司的经典轮转期到她和领英用来相互了解的短暂探索期，到她与丹·夏皮罗和迈克·加姆森共同商定的转变期。任期制提供了应对变化（例如每次古特金开始一段不同的任期后，都会在工作中对任期计划进行调整）和意外事件（例如她的孕期并发症）的灵活性。经过这个过程，任期制帮助古特金与她的经理们建立了更强大的长期关系。提供有吸引力的任期计划的雇主能够长期留住最优秀的人才。

马特·科勒：在离职后维持联盟

即使领英不能留住最优秀的人才，它也会努力维持互惠联盟。下面以近10年前离开领英的马特·科勒（Matt Cohler）为例。

2003 年，26 岁的马特·科勒离开了在麦肯锡公司的高薪且有品牌保障的工作，加入了当时还生存在Friendster阴影下的微型初创企业——领英。首席执行官里德·霍夫曼是他的新上司，他的做法与科勒的前任管理者完全不同。他不是简单地招聘科勒从事某项工作或担任某个职务，而是与这位年轻的咨询师一起制订了一个既能帮助雇主又能帮助员工的明确的任期计划。

科勒的目标是成为一位风险投资家。但里德认为，与离开麦肯锡后直接加入一家公司相比，在一家成功的初创企业获得运营经验更有助于他成为风险投资公司的一般合伙人。里德将科勒领上了一段独一无二的任期。科勒将成为里德的得力助手，在这个职位上，他将向领英的这位首席执行官学习，并极为全面地接触企业的所有职能部门。作为交换，科勒承诺愿意为企业的发展壮大做任何工作，不管这些工作是否属于传统职位或职业道路。完成这个目标后，领英和里德·霍夫曼的品牌将为科勒的个人档案增光添彩。因此，尽管科勒的最终目标——成为一位风险投资家——肯定不属于领英的业务范围，但他和里德在他们的短期理想和兴趣上达成了一致。

在领英工作 3 年后，科勒找到里德，告诉他自己正在考虑离开领英，加入一家更年轻的社交网络初创企业——Facebook。尽管里德不想失去科勒，但他仍建议科勒接受 Facebook 的工作，因为它可以给他更丰富的初创企业的工作经验，从而帮助他更接近成为风险投资家的目标。里德也给了科勒最后一份任务：找到自己在领英的继任者。

在 Facebook 干了 4 年后，科勒离职开始了一段新任期——这次是作为硅谷顶尖风险投资公司之一的 Benchmark 的一般合伙人。即使到了今天，里德也会请科勒与领英的高价值员工交流，说明在领英完成一段任期的好处。里德和科勒仍保持着密切关系，例如，他们都是 Edmodo（他们

于 2011 年一起投资的一家初创企业）的董事。科勒在领英
的任期提供了一个互惠联盟的教科书式案例，即使在工作
关系结束后，这种联盟依然持续。

在线资料

请访问以下网址，了解如何制订不同行
业、不同部门的任期计划，并加入关于任期制
的交流：www.theallianceframework.com/ToD。

THE ALLIANCE

ALLIANCE

Managing Talent
in the Networked Age

第三章

任期中的协调
——协调员工与公司的目标和
价值观

最有开创精神的员工希望建立有别于雇主的"个人品牌"，这是对终身雇佣制年代结束的理性而必要的反应。公司不需要无条件地支持员工的理想，但必须尊重他们。协调意味着管理者应该明确追求并强调公司与员工价值观之间的共性。

在工业时代，公司将员工的个人身份变为从属。公司提供终身就业保障和固定收益养老金。作为交换，员工需要俯首听命，努力工作，任何个人理想和价值观都服从于公司的目标和价值观。在记者威廉·怀特（William Whyte）的经典著作《组织人》（*The Organization Man*，于 1956 年首次出版）中，他将这一时代的基本原则描述为："有利于集体的就是有利于个人的。"当然，怀特对这种方法持批评态度，称其"软弱地否认了个人与社会之间存在冲突"。[1]果然，这种"组织人"时代没有持续下去。

现在，一家现代公司不能指望企业目标成为员工的唯一目标。除非员工处于（罕有的）基础期，否则他将希望探索和培养本职工作以外的兴趣。最有开创精神的员工希望建立有别于雇主的"个人品牌"。这是对终身雇佣制年代结束的理性而必要的反应。

公司目标仍然十分重要，但员工看好一家公司而加入它时可能并不会想到"我希望花下半生时间追求这个未来"或"公司的这些价值观涵盖了我生命中的全部价值观"。即使最专注、最成功的企业领导者，也有本职工作以外的价值观和兴趣。例如拉里·埃利森（Larry Ellison）对赢得美国杯帆船赛（America's Cup）充满激情，而亚马逊的杰夫·贝佐斯为万年钟等项目出资，并买下了《华盛顿邮报》。企业与员工的目标并不一定在所有方面完全一致，而是在有限范围和时段内的健康协调。

协调意味着管理者应该明确追求并强调公司目标和价值观与员工职业目标和价值观之间的共性。一些明显的共性会自然出现：双方都追求发展进步。公司希望推出新产品，增加市场份额，拓展新市场；员工希望承担新责任，提高能力，当然还有赚更多钱。换言之，公司和员工都希望成为胜利队伍的一员。但稍微细致观察就会发现差异。或许员工的业余兴趣是幼儿教育，但他的任期完全不涉及这类工作。然而，他喜欢自主灵活的工作时间，这是公司可以通融的。只需要足够的协调，就可以让联盟持久。

通过齐心协力完成某个具体目标，任期制将协调价值观与目标的问题减少到可控范围内。正如第二章介绍的，领英的里德·霍夫曼雇用了年轻的马特·科勒，尽管他知道科勒的目标是成为风险投资家，这意味着他终将离开，但通过制订一段为双方服务的任期计划，科勒仍可以成为一名推动公司变革的重要员工。

你的任务是根据员工的具体任务目标而不是他的全部生活进行协调。正如我们所说，你的公司不是一个家庭——你不需要无条件地支持员工的价值观和理想，但你必须尊重他们。

不同任期的协调

根据任期类型的不同，必要的协调水平也不同。在轮转期中，员工利益与公司利益的重叠部分可能相对较少（见图 3–1）。在转变期中，双方的价值观与利益需要更大的重叠（见图 3–2）。在基础期中，重叠部分占相当大一部分（见图 3–3）。

目标协调的三个步骤

目标协调既是一门艺术，又是一门科学。以下是管理

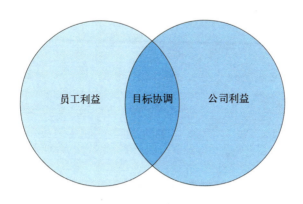

图 3-1 轮转期

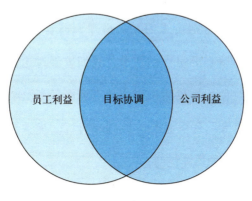

图 3-2 转变期

者可以遵循的部分技巧和原则。

1. 建立和传播公司的使命和价值观。除非你能说清楚

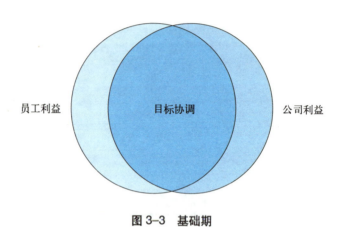

员工利益　　　　　　目标协调　　　　　　公司利益

图 3-3　基础期

公司的立场，否则员工们无从得知如何与公司保持一致。

任何公司的核心都是它的使命。我们曾经讨论过，在制订

任期计划时会安排灵活机变的"不可能任务"，与之不同，

公司的"使命"任务是指导原则和目标。优秀公司拥有不

同于竞争对手的具体使命。

　　声称公司的使命是打造优秀产品和满足客户需求基本上

毫无意义，因为这些使命能够而且应该适用于任何公司。这

些是结果，不是目标！具体需求是什么？具体客户是谁？

　　好的使命和价值观表述应该足够具体而严谨，使一些

有能力的参与者有强大的认同感，而让其他人明白这家公司并不太适合自己。你会失去与你的公司或团队没有强大认同感的人，但你希望失去这些人——这让你与选择加入公司的人建立更强大的认同感。沃尔玛的使命十分清晰："为人们省钱，让他们生活得更好。"埃克森美孚的使命就没有这么清晰："我们致力于成为世界一流的石油石化公司。为此，我们必须不断实现卓著的财务和经营业绩，同时恪守商业行为的最高标准。这些坚定的期望形成了我们与有关各方所做承诺的基础。"[2] 简单说就是：赢得竞争，但不违法。我们认为这适用于任何守法企业！

在这种讨论中，公司价值观是什么并不那么重要。重要的是公司有价值观，而且你和其他经理人有能力将它清晰地表达出来。目标是让员工能够比较他们的个人价值观与公司或工作团队的价值观。这样，即使不属于公司高管团队，你也能为你的团队或业务部门建立一套目标和核心价值观。

2. 了解每位员工的核心理想和价值观。询问员工的核心理想和价值观初听上去可能让人感觉很尴尬，但这不是伪善的套话。谈论价值观是巩固员工、管理者与公司之间的信任的关键一步。在eBay，约翰·多纳霍为了解每位员工而制订了系统计划："我们希望了解他们的生活理想。我们问，'你会看着谁说'有朝一日，我想成为他？'"

可以想见，你会遇到对职业理想和价值观明确程度不一的员工。只有部分人（而且是少部分人）确切知道他们想要什么，和这些人谈话会相对轻松。

另一些人的理想更抽象，通常集中于以某种方式取得进步。这也不要紧——作为管理者，你希望帮助员工在某段具体任期中发现哪种进步对他们意味着什么。不要苛求他们的答案完全精确。例如，当本·卡斯诺查建立一个机构支持里德·霍夫曼对商业、慈善和公众利益的兴趣，并担任他的首席人才官时，本提出了许多目标，包括锻炼他在未来创建更多公司时所需的创业技能；与能启发他思想的人建立关系；接触更多的国际事务和机会。这些目标都有些抽象，但它们对于里德和本制定任务、完成任期来说已经足够明确。

最后，一些员工，尤其是入门级员工，完全没有考虑过他们的职业理想。如果某位员工很难说明他的价值观，那么你可以用Career Engagement Group的安妮·富尔顿（Anne Fulton）提出的这个具体方法快速开始对话。首先，让这位员工写下3个他钦佩之人的名字。然后，让这位员工在每个名字后面列出3种他最钦佩的品质（一共9种品质）。最后，让他根据重要性对这9种品质排序。1表示最重要，9表示最不重要。现在他已经有了个人价值观列表，并可以将其与公司的价值观进行比较。[3]（若想了解我们三人是如何完成这个价值观练习的，请参见附录B。）

一般而言，你应该预期公司的使命和价值观清晰且相对稳定，而员工的职业目标和价值观相对不明确。

3. 合作协调员工、管理者与公司的使命和价值观。一旦每个人的价值观和理想都得以明确，各方就应该进行合作以使其协调一致。这是一种合作，而不是从上至下的命令。它不仅是你的工作，也是员工的工作。好消息是，这种合作的确有助于建立长期关系。约翰·多纳霍调查了员工们的理想后强调道："我们应该明确如何将你在eBay的工作与这些理想联系起来。"

对新员工而言，协调过程应该从招聘过程本身开始。例如，眼镜零售商Warby Parker的尼尔·布卢门撒尔（Neil Blumenthal）用一个不同寻常的面试问题评估一致性："我们的核心价值观之一是为我们做的每件事注入趣味性和新奇性。因此我们经常问，'你最近穿过什么奇装异服？'关键不在于如果你过去四周没有穿过奇装异服，就不会被雇用，而更多是用它来判断你对这个问题的反应。你是个对自己太严肃的人吗？如果是，那么这对我们是个警告信号。我们希望员工对工作而不是他们自己严肃。"[4]

有时巩固一致性需要微调或妥协。记住，几乎没有哪位员工的全部核心理想和价值观都与公司使命相同。例如，领英的首席执行官杰夫·韦纳热心于美国教育政策，并担任DonorsChoose的董事，这与领英的业务几乎没有关系。在硅谷，许多员工都希望有朝一日成为创业者。显然，这意味着他们将离开公司。但是协调各方兴趣使每个人都能从任期中获益是可能的。例如，里德告诉希望加入初创企业的领英员工，如果他们在领英工作，他们将会学到有用的技能，这样，当他们准备离开时，如果他们帮助过公司，他就可以帮助他们在Greylock或硅谷的其他企业找到一份工作。

在所有情况下，你都需要找到进行协调的适当标准；它可能是一段时期，或者是工作的范围或性质（如果员工希望获得特定经验）。记住，员工和公司并不需要永远一致，只有在任期内是如此。

最终，一致的兴趣、价值观和目标将增加公司与人才之间维持长期稳固联盟的概率。

付诸实践：领英如何进行协调

还记得戴维·哈恩和他在领英的四段任期吗？领英在高度竞争的人才环境中留住了哈恩将近 10 年，部分原因是在每段任期中，他的经理都为他和公司建立了高度一致的目标。

当哈恩思考大学毕业后如何构建自己的职业生涯时，他从西奥多·罗斯福的名言"有机会为值得的事情而努力是人生最好的犒赏"中受到了启发。[5]

对哈恩而言，这意味着找到一种对世界产生积极影响，并尽可能让这种影响达到最大的方法。他在华盛顿特区开始了他的职业生涯，并认为他会通过政治和政策手段实现这一理想，但接着他便意识到自己不满足于这种改变速度。他认为硅谷的创业环境是个更好的选择。于是他定下了两个初始理想：向已经成功建立大型公司的优秀领导者学习，为目光比实现财务目标更为远大的公司工作。

哈恩执行了一项让自己能朝这两个目标进步的计划。他使用了第一版领英（产品）查找最近从华盛顿特区搬到硅谷的人，并说服其中之一，PayPal（贝宝）公司前高管基思·拉布瓦（Keith Rabois）雇用他。哈恩加入了拉布瓦所在的 Epoch Innovations，这是一家高成长型初创企业，目标是用科技治疗阅读困难症——这似乎完美符合他的目标。然而，仅仅几周内，他就发现这家公司正在陷入困境。拉布瓦和哈恩已经建立了密切关系，他们开始一起寻找下一份工作。在找工作的过程中，拉布瓦将哈恩介绍给他之前在 PayPal 的同事里德·霍夫曼，后者刚刚创建了领英（公司）。"从我们第一次见面，我就明显感到里德不仅是个值得学习的杰出人才，而且关于影响力的想法与我类似。"哈恩告诉我们。接下来的一周，拉布瓦和哈恩开始了在领英的工作。

领英的目标十分远大，那就是为全球专业人士提供经济机会，这个目标打动了哈恩。哈恩的经理拉布瓦还指出，他们的短期职业目标是一致的——通过加入领英，哈恩将学习如何利用已经在PayPal取得成功的高管团队建立公司，领英将得到一名擅长多个领域的聪明通才。4年后，当杰夫·韦纳接任领英首席执行官时，哈恩已能从一位经验丰富的高管身上学到如何扩大一家中型企业的规模，使之成为一家公开上市的全球公司。

在这个过程中，哈恩在领英的上司们不断寻找方法，制订承诺为他的职业生涯和整个公司带来转变的任期计划。例如，当哈恩对从头创建能为领英带来早期收入的业务感兴趣时，公司更改了他的任期计划，让他去追求这个目标。哈恩将相同的原则用于他管理的员工。"领英的理念是让最聪明的员工追求他们感兴趣的领域，尤其是最初对他们有些挑战的领域，"哈恩说，"这是一个了不起的策略，它让我们最有天分的员工不断得到激励，尽快进行学习。"

进行对话：给管理者的建议

协调价值观的过程可能很漫长，并且需要在一系列持续交谈中建立深度信任。每次交谈都应该建立在前一次交谈的基础上。

确定团队的价值观。几乎每家公司都有白纸黑字的价值观，其中多数都是诸如"追求卓越"这样无关痛痒的陈词滥调，简直是侮辱智商。如果你的公司缺少有意义的官方价值观，那么请大胆地为你的团队制定价值观。当然，如果首席执行官欢迎联盟理念并做出表率，那么这将有助于制定出有意义的价值观。

首席执行官和高管团队应该草拟公司的价值观并征求处于基础期的非高管员工的意见，并虚心接受反馈和进行改进。只有当公司的基础期核心员工同意时，首席执行官才应将征询意见的范围扩大至整个公司。

首席执行官不能将上千名员工都召集到礼堂里，让他们从头参与制定价值观，但也不能反其道而行之，将他喜好的价值观刻成碑文，然后要求人们"自愿"接受。

如果公司规模大于 75 人，可以把员工分为更小的跨部门团队，然后让每个团队单独开会讨论草拟的价值观。你可能会在这些开诚布公的对话中发现意料之外的想法。许多高级经理认为拥有使命文化的公司实际上充斥着唯利是图的动机，而经理们需要切实了解真正的公司文化。

一对一地确定个人价值观。与你的每位直接下属一对一地讨论他们的核心理想和价值观，以及这些价值观是否符合公司的价值观。你不需要让员工在公司内网上发布他们的个人价值观，或者将它们钉在员工的办公室名牌下，但是你需要将这些理想和价值观从隐性暗示转变为明确观点。毕竟，如果你不了解员工的目标，又怎么能制订转变期计划呢？

通过坦诚建立信任。了解员工关心什么有助于建立信任关系。纽约州立大学石溪分校（SUNY Stony Brook）的心理学家阿瑟·阿伦（Arthur Aron）在一个实验中发现，要求参与者在一小时内分享他们内心最深处的感觉和信念可以产生通常要花数周、数月甚至数年才能形成的信任感和亲密感。[6] 诸如"谁是你共事过的最好的同事"和"你职业生涯中最自豪的时刻是什么"的问题，有助于拉近情感距离。

记住，当你直接发问时，潜在的权力机制可能让这看上去令人生畏。这就是为什么对你来说，坦诚谈论自己的核心理想和价值观很重要。阿伦的关系实验请双方分享他们对他提出的深刻问题的答案。

布拉德·史密斯在Intuit中运用了这一原则："我们的

每次面试都以这样的提问开始，请在 3~5 分钟内讲述你的人生经历以及它如何让你成为现在这个人……请说出你生命中帮你找到自我、形成工作与领导方法的重要时刻，例如像野蛮人一样应对逆境、挚爱之人的离世或者重大决策错误。"为了让这种方法奏效，Intuit 的面试官将先来回答这些问题，这既为面试者提供了示例，也是坦诚相待的表率。

在线资料

请访问以下网址，找到与员工建立一致目标的互动练习：www.theallianceframework.com/alignment。

THE ALLIANCE

Managing Talent
in the Networked Age

第四章

执行转变期计划

　　　　每位员工入职后都会进入转变期，设置转变期的框架，可以让管理者与员工明确互赢的最低承诺，巩固员工与公司的关系。在任期中途和任期即将结束时，会发生许多意外的变化，如何应对这些不确定的状况，也是本章要讨论的问题。

打造转变期框架的策略与技巧

　　执行有高度一致性的转变期计划意味着不再生搬硬套言之无物、行之无效的模板式业绩考核。相反，你需要进行坦诚、开放、严谨的对话。管理者和员工就共同的目标和现实达成明确协议（尽管不具约束力）。这种协议提供了常规的、相互的业绩评价与管理的标准。你向员工提供具体反馈和指导；同样重要的是，员工可以在此背景下谈论他的长期职业目标，以及公司是否按照承诺为他们提供了帮助。

以下是执行转变期计划的分步指导，它既可以针对你的直接下属，也可以针对整个公司。按照这些步骤，你将做好与员工谈论他们离职后的职业规划（如果发生这种情况）的准备。

1. 开始对话，确定目标

每位员工入职后都会进入轮转期或转变期。你应该在雇用过程中确定员工的最初任期计划——起码在情况不太确定、无法敲定任期计划细节的情况下要展开对话。你应该确定雇主和员工互赢的最低承诺。你还应该知道转变期员工在续约前会如何推动公司发展。类似地，新员工也将知道加入公司如何有助于他们发展事业，从而心里有底。

即使对现有员工而言，制订任期计划也能提供必要的清晰认识，巩固他们与公司的关系。为了制订任期计划，你和你的员工需要回答下列问题。

任期的整体目标是什么？

你与员工制订的任期计划应该有明确、详细、具体的任务目标。比如启动一个具体项目、内部项目或组织计划。例如，埃达·古特金在领英的初始任期目标（见第二章）是调研并解决客户流失问题。这样做的目的是选择一个有助于公司，同时也为员工提供了成长机会的任务目标。

根据这个任务目标，你还应该确定员工期望的任期长度。最简单地说，任期的持续时间应该足以实现目标。在古特金的例子中，她的初始任期只持续了6个月，但她接下来的每段任期都持续了数年之久。

任期的"正确"结构也取决于员工的个人需求。看重不同经验的员工可能需要大量短期多变的任期。重视稳定的员工可能偏好少量长期持续的任期，他们的目标是进入基础期。

最后，正如第三章所讨论的，任务目标还需要帮助雇主和员工协调他们的目标和价值观。

成功的任期将给公司带来什么？

成功任期的任务目标将为公司创造定量目标业绩或定性目标业绩，例如开发一种新产品并在第一年中产生一定收入，或者在某类具体市场中成为行业分析师笔下的思想领导者。

例如，领英的经理们会问："这名员工将如何改变公司？"

成功的任期将给员工带来什么？

一段成功的任期应该对员工和公司都有助推作用。这种成功可能包括培养新知识和新技能，获得员工发展事业所需的部门经验、技术经验或管理经验，以及通过实现令人印象深刻的目标在公司内外打造个人品牌。通常，它不包括职位晋升。

领英的经理们会问："员工在这里的工作经历将如何改变他们的职业生涯？"所有员工都被要求填写一份转变计划，说明他们希望如何改变自己、公司和世界。

领英全球人才部门的主管帕特·瓦多斯（Pat Wadors）对"大写T"和"小写t"转变进行了区分。"大写T"转变类似于晋升或得到一份美差。只有约20%的任务结果是"大写T"转变。这就是为何公司同样强调或更强调"小写t"转变，它看起来可能没那么光鲜，但却实实在在地增加了员工的市场潜力。"小写t"转变的例子包括在某类项目中获得有助于提高市场竞争力的经验，学习新技能和获得业内其他人士的认可和推荐。无独有偶，多年来领英的用户档案设计也已变得有助于用户更好地展示"小写t"转变。

2. 定期检查以交流反馈

公司的传统绩效考核方法是基于日历年的，它在任期制背景下几乎没有意义。是任务目标而非日历决定了任期。此外，年度考核过程不能提供足够的反馈。你应该建立一个定期检查体系，以评估任期制是否适合双方（见图4–1）。

图 4-1 制订你的转变期计划并进行跟踪

资料来源：领英员工内网截图

这些检查可以是定期进行（例如每季），也可以与整体任期项目计划中的具体目标挂钩。不管用哪种方式，目标都是为共同评估双方朝着理想结果的进展提供一个明确的讨论平台。它让双方得以在这个过程中进行必要的纠错。记住，这是双向对话：公司谈论的是员工的贡献，而员工谈论的是公司是否能帮助自己实现职业目标。

3. 在任期临近结束前，开始制订下一个任期计划

在当前任期结束之前，你应该留出时间讨论员工完成这段任期后接下来希望做什么。提前进行这种对话可以消除与完成任期有关的不确定性，甚至为员工（以及管理者）树立未来的目标。这种对话通常有两种可能的结果。

管理者和员工制订公司内的新任期计划

员工在初始任期内做出的承诺部分是为了认真考虑你关于第二段任期的建议。从许多方面看，后续任期对于员工和公司都是理想的结果，双方都可以利用过去的投资。对于推出过一种产品的员工而言，延长任期可以让他学会如何壮大这种产品的市场或规模，而公司可以利用最初打下的市场，而不必培养新人从头来过。

后续任期可能更短，也可能更长，这取决于目标性质。有经验的员工可以迅速完成明确的目标，因为他不需要很长的上手期。反过来从长期讲，不断巩固的关系也有

帮助。与公司相互信任的员工可以解决战略性更强的长期目标。

通用电气为高潜力员工开设的管理培训是在公司内部制订有吸引力的新任期计划的经典案例。高潜力员工在不同职能部门、业务单位和地区完成连续的轮转期任务，从而做好准备迎接挑战——帮助管理这个不断扩张的企业集团。没有哪个人在成为通用电气的首席执行官前不曾在公司内部完成多个任期。

在开始一段新任期之前，员工应协助招聘和培训继任者，以继续完成前一个任期的项目。或许继任者是该项目后续阶段更适合的人选。继任者计划还为员工画上了更令人满意的句号，这样当他完成任期时，就能知道他管理了数年的产品、项目或计划将在可靠人选的手中继续下去。

当下一个明确目标迟迟不出现时，你和员工将备受煎熬——你们都希望继续这段关系，但不确定如何才能继续。在这种情况下，最佳行动是延长当前的任期，但规定一个在未来数月而非数年重新审视各种可能性的时限。

双方都认为员工应去另一家公司任职

失去一名有价值的员工是管理者最大的担心之一，但它仍会以各种正当理由发生。没有公司能永远留住所有最优秀的员工。

可以想见，你很难接受这种结果，但即使如此，对于公司而言，对员工的离开有所准备也比措手不及要好。不妨开诚布公地谈论离职的可能性。作为员工的盟友，帮助他选择正确的下一步是你的工作。这意味着帮他评估他面临的选择，即使这些选择包括去其他公司工作。展开关于另谋他职的诚实对话既要求管理者有勇气，也要求员工有勇气。你需要直面员工离职的可能性，而员工需要感到不会因为说出真实意图而受到惩罚。凭借你与员工建立的信任，你获得了这种"优先对话权"。

你应该和员工一起制订出过渡期计划，并起草一份交接清单。交接清单的目的是列出公司为了完成目标而需要员工做的每件事，尤其是接手项目的继任者人选。如果员工完成了清单上的所有事项，就可以被认为善始善终地完成了任期，并可以在离职后与公司保持良好关系。我们将在第七章中详细讨论现任员工转为前员工的情况。

4. 处理意外情况：当任期中途发生变化时

任期计划不是合同——这种法律方式是自由人制度和交易式思考方式的显著标志。联盟是道德上的，不是法律上的，任期计划是一种非正式协议，它尊重这种重要的关系。管理者不应用任期计划的道德强制性迫使员工固守工作繁重的岗位，尤其是有缺陷的管理决策造成双方目标严重不符时。任期计划的目标是通过诚实交流建立信任，在自愿基础上建立长期关系，而不是将员工禁锢在他们不喜欢的职位上或者让低效员工拖累公司。

当员工或雇主希望或需要在完成目标前结束任期时，

双方需要在这个过程中进行合作。如果员工在其他公司获得了一份诱人的工作，他应该有权选择接受，但他也应感到有责任努力工作以确保交接顺利，甚至在必要时推迟离职以协助交接工作。

同样，如果公司需要调整组织结构或者结束某个项目，而这个项目又恰好是员工的工作，那么你应该全力确保这名员工能够继续实现之前商定的职业目标和个人成长目标。这段关系越长久、越深入，双方就越有义务维持这段关系，并在必要时努力确保顺利而友好的交接。

如果一方打破联盟会发生什么？

如果某位员工在任期中途离开公司而没有进行任何交接，他就打破了雇佣联盟，不得不面对以下后果。首先，这名员工的信誉和名声将受到重大打击。他不能背叛一段重要关系而仅仅说"这只是生意"。这是道德问题。其次，这名员工还将承受实际后果。他将失去未来的福利，比如杰出前员工身份（将在第七章中详细讨论）和有利的推荐信。

如果公司在任期中途裁掉员工，或者没有履行为员工提供带来改变的成长机会的义务，那么它也打破了联盟条款。你不能不尊重这段关系，却指望员工成为未来的盟友，为公司说好话或者介绍客户和新员工等。随着社交媒体的出现，打破联盟将对雇主产生深远影响。现在，前员工可能会透露公司内部的真实情况——而且的确会这样做，习惯打破联盟的雇主（或管理者）等于在警告现在和未来的员工公司不值得信任。可以预见，有朝一日（但愿很快），一个雇主或一位专业人才只用说一句"他们打破了联盟"，电话另一头的人就会明白这意味着什么。

如果换了新经理会发生什么？

如果换了新经理，那么抛弃原先达成的任期协议对员工是不公平的，但让新经理固守前任制订的计划也是不公平的。正确方法是以互相尊重为前提进行过渡。一般来说，新经理应该继续执行现有的任期计划。但是，如果他意识到必须改变目标，那么他有改变目标的自由，但仍负有引导员工成功过渡的道德义务。你会看到，为什么拥有一份书面任期计划而不是依赖于经理和员工的口头协定非常重要。

如果一方表现糟糕应该怎样做？

整体表现会影响任期的持久性。如果整个公司开始走向破产，那么它可能无法坚持到联盟结束。如果公司没有或无法按照承诺保持为员工提供职业成长机会的环境，它就违背了改变员工职业生涯的承诺。相反，工作表现糟糕的员工也无法兑现帮助公司提高适应力的承诺。但即使表现变糟，牢记联盟是一种关系而不是一笔交易仍然很重要。起起伏伏是不可避免的，双方都应该保持长远的投资眼光，而不是对短期波动反应过度。棒球队永远不会仅仅因为某个队员某场比赛打得不好就将他开除。但如果这名队员一个月都表现不佳，球队就很可能将他卖掉或开除。

如果员工希望在公司内部换个新工作，应该怎样处理？

即使横向调动不涉及离职问题，你也应采取相同的合作方法结束一段任期。如果员工能够按计划开展工作并进行有序的交接，你就不应阻拦这种变化。例如，领英认为，如果员工已经做出合理有序的安排，让这种变化不会危及现在的任务，经理就不应该阻止他在公司内部调动职位。这种变化尊重了员工的意愿、领英对这名员工进行的投资和整体关系。

进行对话：给管理者的建议

就任期进行顺利对话的关键是系统、连贯和透明——它与任期制背后的原则相同，这并非巧合。

根据任期类型确定对话模式。 如果你正在执行转变期或基础期计划，那么应该做好深入对话的准备，因为它涉及个性化的长期联盟。相反，轮转期涉及的是标准化的短期联盟，这让你可以采用更标准化的对话模式。

对话模式也可以根据它在整段关系中发生的时间确定。在初始招聘阶段进行关于任期的对话相对容易。经理和员工是陌生人，双方商定明确的目标是自然而然且在意料之中的。与之类似，在目前的任期即将成功结束时商定后续任期计划也相对容易，因为这是一个自然的过渡点。而让现任员工从自由人思维转向任期思维则需要一些技巧。介绍一种不同的新方法需要进行多次对话并保持稳定连贯。

警惕地位不平衡。通常，雇主比员工更有地位，但在热门的就业市场或员工拥有宝贵技能的市场上，也可能出现相反的情况。不管是哪种情况，地位不平衡都让人担心更有地位的一方会滥用这种地位最大化自身利益。如果你处于强势地位，应该积极主动地证明你对公平交易的承诺。如果你的员工处于强势地位并试图主导局面，应该承认这个事实，然后回到对话的焦点上以实现双赢。

选择先行指标作为衡量标准。收入、页面浏览量、客户满意度等标准可以在评估任期内业绩时起到重要作用。在终身雇佣制模式中，成功意味着始终使你的经理满意。这种方法并不适合竞争激烈的现代社会。现代管理学之父彼得·德鲁克（Peter Drucker）用文字完美表述了这个观点："有指标就有管理。"如果你认真管理先行指标，例如目标一致性、员工收集人脉情报的能力或任期考核点的一般满意度等，你就能成功管理员工留任率或员工敬业度等滞后指标。

正当运用道德劝说。道德劝说比法律合同更能维系双方的联盟，但你只应在对方违反联盟时运用这种力量。太多管理者试图迫使员工感到负疚而留下。不要让员工的职业选择成为个人攻击的理由，即使你成功劝说员工留下，也会使其产生怨恨。相反，你应该诉诸联盟的原则。

定期检查任期的进展。这不是一次性对话。记住，信任是通过坚持一贯性逐渐建立的。多数员工都经历了太多来去一阵风，却无法真正持久的管理潮流。你应该采取行动证明对联盟的承诺，包括通过正式形式（在本章的分步指南中概述的定期检查体系）和非正式形式（只要出现一对一对话的机会）定期讨论后续任期。

通过公开、透明建立信任的基础。用表示这段关系的开放性、双向性的语言进行对话很重要，你应该使用诸如信任、透明、联盟这样的词。证明开放性的另一种重要方法是表现出愿意讨论员工离职可能的态度。这种透明度有助于建立信任，减少员工离职让你措手不及的风险。

向员工确保你不会开除他们。遗憾的是，员工们形成了一种固化思维，将讨论他们的目标和业绩解释为即将被解雇的早期警告信号。你应该强调联盟的重点是互惠，并将这一点落实到全体员工（或者团队中的全部员工）身上。

对话技巧提示

条理清晰。解释任期框架不是即兴对话。你应该在日程表上留出几个小时，专门安排一次正式会议进行讨论。然后订一间私人办公室或者会议室，详细记笔记，并鼓励员工也记笔记。在对话结束时，你们应该就下一步安排达成一致，并制订后续计划。最终成果应该是一份书面联盟声明。（附录A中提供了一份样本。）

提前沟通议程。这是合作性对话，它意味着你和员工都有充足时间准备的话，效果将会更好。这种会议不应该只有经理做足准备，而员工不得不临场做出反应——你应该给员工时间准备自己的想法和建议。

尽可能详尽具体。这种方式的要点是避免模糊描述目标和时间，而应该尽量具体。如果你希望员工动用他的人脉，就应该准确描述他可以采用的具体方式，并将这种方式纳入计划。（我们将在第六章中更深入地讨论人脉问题。）如果员工希望与某些类型的人见面或积累国际经验，那么你就应该讲清楚如何以及何时在他的任期内满足他的要求。

在线资料

请访问以下网址，学习如何获得"优先对话权"以及如何与员工建立诚实的对话气氛：www.theallianceframework.com/ToD。

THE ALLIANCE

Managing Talent
in the Networked Age

第五章

利用员工人脉获取情报
——让世界为我所用

公司必须了解员工在业内的宽广天地，而员工应该意识到他的职业人脉是能够提升自身长期职业前景的重要资本之一。同时，作为联盟的一部分，员工应该利用自己的人脉发展雇主的业务，因为他的业内熟人掌握的技能可能对公司十分重要。

THE ALLIANCE
Managing Talent
in the Networked Age

旧有的终身雇佣制模式鼓励管理者和员工着眼于内部。管理者关注的是让员工更有效地完成工作任务，而员工关注的是在公司内升职。但一旦这种模式开始瓦解，这种内向型关注就会成为自欺欺人的故步自封。

如今，正如我们讨论过的，公司和员工都需要向外关注他们所处的整体环境，尤其是涉及人际关系时。公司必须了解员工在业内的宽广天地，而员工应该意识到他的职业人脉是能够提升自身长期职业前景的重要资本之一。同时，作为联盟的一部分，员工应该利用自己的人脉发展雇主的业务，因为他的业内熟人掌握的技能可能对公司十分重要。于是，联盟开始运转：扩大职业人脉有助于员工改变职业生涯，员工人脉有助于公司改变自身。

人脉情报是新信息的来源和过滤器

员工人脉作为一种信息来源，对公司极有价值。正如比尔·盖茨十多年前写道的："将你的公司与竞争对手区分开的最佳方式，将你与碌碌大众区分开的最佳方式，就是充分利用信息。你如何收集、管理和使用信息将决定你的输赢。" [1]

我们多数人都会使用一部分可得信息。例如，如果让你回忆最近一次如何解决工作中的棘手问题，你的本能反应是——开会。将公司中所有的聪明人召集起来，他们可能会有答案。但你不能只是依靠在现任员工大脑中流转的信息。公司外面的聪明人比公司里面更多。在健康的生态系统中，这是常理。

许多高管已经知道这点。他们经常从自己的业内好友那里获取信息，以便更好地做出工作决策。实际上，这种本能部分解释了他们起初为何会晋升为高管。但高管通常会忽视一种更广泛、更有用的资源：所有公司员工，甚至是最初级员工的集体知识和人脉。

不妨将每位员工想象为从外部世界（比如文章、书籍和课程，但最重要的是，从行业内外的其他朋友那里）收集数据的情报员。每位员工都能从外部世界接收和破译帮助公司提高适应力的情报。例如，竞争者在做什么？重要科技潮流是什么？承认每位情报员的力量并鼓励他们发挥这种力量是管理者的工作。人脉更广的劳动力可以带来更有价值的情报，当员工向公司提供他们通过人脉获得的信息时，他们将帮助公司解决重大的商业挑战。

　　简而言之，人脉情报利用了公司员工的个人人脉，它是公司与外部世界交往并从外部世界学习的最有效方式。即使你没有强调人脉情报是联盟的一部分，最主动的员工也会建立他们的外部职业人脉。是否鼓励他们为工作而利用人脉则取决于你。

　　在《至关重要的关系》中，我们写道，个人的职业前景会随着人脉的强大而加速提升——我们称这种原则为"我"的"我们"次幂（I^{we}）。公司和管理者的问题是，你是否能建立足够的信任，使员工愿意为了公司运用他们的人脉。好消息是，优秀员工希望这样做——在我们对《哈佛商业评论》的读者所做的调查中，超过 3/4 的受访者说，他们曾借助自己的人脉开展工作。

　　所以不要将上班时发推特当作违反纪律——你应该鼓励这样做！你应该允许员工报销与有趣的人共进午餐的费用。通过帮助员工投资于他们的个人人脉，你将建立起信任互惠的环境。这样，当你要求员工为了公司利用他们自己的人脉时，他们将更可能做出积极反应。

还有一个好处是，主动开展人脉情报工作有助于招聘人才。企业家关注外部信息——他们必须这样做，因为他们知道自己不具备现有市场参与者的内部资源。想招到一名开创型员工？帮助他扩展个人人脉将使你成为更具吸引力的雇主。

尽管关注外部信息有这些好处，但一些管理者更习惯于依赖熟悉的本公司员工。他们只从自己能完全控制的来源寻找答案。他们利用自己和身边同事的智慧，而不是其他人的智慧。他们对于鼓励员工从企业外部获取信息可能感到紧张，因为这种行为可能会在不经意间将公司的机密和战略暴露给外部人。

实际上，让员工展示自己和建立外部人脉的一个明显"风险"是，他们会被潜在雇主及其招聘人员发现。这是一个合理的担忧，但是世界上不存在让你从外部世界获益，却不暴露自己的单向镜。对许多公司而言，人脉情报产生的收益要高于员工被挖角的潜在损失。问问领英就知道了，它比世界上任何公司都更直面这个现实：每位领英员工都拥有一个及时更新的公开领英账户。他们的人脉极为发达，也非常容易被招聘人员发现。是的，一些员工的确离开了，但更多的员工通过他们工作时建立的人脉为公司提供了帮助。

人脉情报和与之相关的向公司以外的人寻求帮助的意愿是硅谷成功的关键因素之一。它的风险比多数人想象的要低，而外向型思维的收益则大于你的预想。

人脉情报会带来隐藏的数据、意外发现和机会

正如我们讨论过的，人脉情报最明显的作用是将公司与外部信息来源联系起来。员工人脉起到了新信息来源和过滤器的作用。

人脉情报的第二个作用是，它能提供获取"隐藏数据"——无法公开获取的信息——的渠道。在互联网诞生之前的年代，阅读商业书刊等二手资料或者到大学进修的途径帮助专业人士或公司在竞争中取胜。然而现在，谷歌让这种公开信息成为一种商品。为了获得优势，你需要利

用人脉直接获取人们大脑中的信息。这是一种即时微妙的信息，提供了最重要的竞争优势。你不会在《华尔街日报》早间版甚至是谷歌搜索引擎上找到它。在高度网络化的年代，你认识的人经常比你读的东西更有价值。

例如，在PayPal成立早期，它最重要的竞争对手是Billpoint，这是一家提供支付系统，由eBay（PayPal最重要的合作伙伴）和富国银行合资组建的公司。请设想PayPal面临的情况：当时该公司的绝大部分业务都是为eBay处理拍卖付款，而eBay本身就拥有一家与之竞争的支付企业（Billpoint），它会将其推广给eBay的每位用户。对于外部观察家而言，局势看来一定是非常严峻的。

然而，正如我们所知，PayPal战胜了Billpoint，结果eBay花了超过15亿美元买下PayPal。关键原因之一是PayPal对人脉情报的出色应用。里德·霍夫曼是PayPal这次情报收集工作的领导者（他当时是执行副总裁），他要求从高管到工程师的所有团队成员都使用他们的人脉情报了解Billpoint的战略。而另一方面，Billpoint的团队则完全忽视了用人脉情报挖掘PayPal战略的可能。

从与Honesty.com和AuctionWatch（现在的Vendio）等建立在eBay平台上的其他公司的交流中，PayPal员工得知了两个重要事实。首先，Billpoint的团队确信，互联网支付系统的关键成功因素是与银行建立深层联系以打击欺诈。Billpoint的领导层认为，与富国银行的关系形成了对PayPal的压倒性优势。其次，与Billpoint的观念相反，eBay平台上的公司（以及它们的顾客）不认为与银行建立深层关系很重要。它们更看重使用的方便性，这种观点在电子邮件交流中表述得尤为明显。防止欺诈是一种防御措施，但不是驱动力。以上这些信息不是公开的，但也不是保密的。

获取人脉情报的手段应该符合道德：PayPal的员工没有披着伪装躲在暗处偷窥，没有用伪造的电邮账户发送问题，也没有把Billpoint的垃圾箱翻个底朝天。他们只是通过与Billpoint的管理者和员工的交谈确认他们的发现，并询问他们如何看待市场。还想知道更惊人的事？在这些直截了当的交谈中，Billpoint的人从未想到问PayPal的人相同的问题。PayPal的战略明显重视人脉情报，而Billpoint则不是。

人脉情报的第三个作用是带来意外发现，它是创新的主要驱动力。作家弗兰斯·约翰松（Frans Johansson）认为，创新产生于不同学科和文化的交织。多数创新都并非独树一帜；相反，它是将现有技术或实践应用于一个新领域（例如将医疗输液袋技术用于篮球鞋）。当员工利用他们的职业人脉和个人人脉时，他们往往会听取不同背景、经历和专业领域的朋友的意见。正如麻省理工学院的德博拉·安科纳（Deborah Ancona）、亨里克·布雷斯曼（Henrik Bresman）和戴维·考德威尔（David Caldwell）在他们的论文《X因素》（The X-Factor）中提到的，"当创新、适应和执行至关重要时，成功与团队如何和外部人互动密切相关"，因为成功的团队"会建立紧密的跨界人脉，不管是在团队内部还是外部"。[2]

　　如果你身处一间杂物室，那么成为房间里最聪明的人并不是什么伟大成就。而人脉情报就好比能将你所在的杂物室扩展到运动场那样大，里面包含了所有员工庞大广泛、遍及全球的人脉。这将帮助你更快地解决问题，而且，它还能巩固整个雇佣联盟。员工们希望建立人脉，而人脉情报计划和政策将帮助他们实现这个目的。

　　人脉情报的第三个作用是帮你发现本会错过的机会。PayPal成功的背后隐藏的一个故事是，人脉情报在发现病毒式增长模式的过程中起到了关键作用。PayPal的团队意识到eBay是用户使用PayPal的主要原因后，团队成员立即开始从eBay生态系统中的其他公司那里寻求灵感。其中一家公司——Honesty.com，发现了利用eBay活跃卖家实现成长的方法。Honesty.com提供了一种拍卖计数器，如果卖方与Honesty.com共享eBay证书，Honesty.com就会将它的计数器加入卖家的每个拍卖页面。这个系统让卖家拍卖中的所有出价人都能看到拍卖计数器产品，促使其他卖家也开始注册这种产品并让他们的买家了解 Honesty.com，以此类推。

这个点子并不来自里德或其他高管，而是来自 Honesty.com "普通的" 一线员工。而 PayPal 借鉴了这个点子，只要 PayPal 推出 "用 PayPal 支付" 的特色服务，卖家就会将 "用 PayPal 支付" 加入所有拍卖页面，PayPal 也由此开始发展壮大。如果没有人脉情报，PayPal 的成功故事可能会有一个非常不同的结局。

现在，让我们来研究如何将这种方法具体付诸实践。

在线资料

请访问下列网址，加入对话并学习其他公司如何帮助员工与外部世界打交道：www.theallianceframework.com/networkintel。

第六章

执行人脉情报计划

管理层应该关注如何让员工把人脉情报带回公司。招聘时把应聘者的人脉实力作为优先考虑条件，并且执行有助于员工建立个人人脉的策略，比如鼓励员工积极使用社交媒体展示自己、建立"人脉资金"等。

员工人脉的投资策略与技巧

如何让员工把人脉情报带回公司是管理层最关注的问题之一。你应该实施具体计划巩固和扩展这种能力，以吸引和留住最优秀的员工，并提高企业业绩。以下是在你的团队或整个公司内实施人脉情报计划的分步指南。

1. 聘用有人脉的人

在招聘时，就应该让应聘者的人脉实力成为一个明确的优先考虑条件。然而，正确定义人脉实力是至关重要的。有些人错误地认为，人脉实力就等于社交媒体上的粉丝数。不要只盯着原始数据，而要考虑应聘者是否认识合适的人，并能实际利用这些关系获取有用的信息或影响他人的行为。

在面试过程中，应该询问应聘者他们最强大的职业盟友是谁。找出他们解决问题的方法——他们会给认识的专家打电话吗？除了聘用已经熟稔人脉情报搜集方式的人，重视人脉实力的经理还应该向组织内部发出强烈信息，说明这种能力很重要。

招聘高级经理时，更需要对人脉进行评估。当里德面试有希望成为高管的人时，他总会问："除了你，你认为我们还应该招入哪位重要人才？"有实力的应聘者必然认识他希望与之共事的人。然后，里德通常也会接触这些人作为背景调查。

这并不是说应聘者需要成为"社交达人"或者他们必

须擅长迅速与陌生人混熟。这种技巧对于某些职位（例如销售）来说是先决条件，但对另一些职位则没有那么重要。我们只是认为，在其他条件相同时，你应该学会如何系统性地衡量人脉实力，然后雇用那些拥有强大人脉的人。

2. 教会员工如何通过交谈和社交媒体从人脉中发掘情报

许多公司，尤其是上市公司，将它们宝贵的能量消耗在防守战上，竭力阻止员工泄密："不要谈论即将召开的产品发布会；不要谈论公司战略；如果有人问你我们公司在做什么，需要得到公关部的许可。"这种防御姿态假设员工不能分辨非公开信息和机密信息，这是有问题的。

商界往往将所有非公开信息混为一谈。或许这是由于金融界在"公开"信息与"内部"信息之间画下的死板界线。但在金融交易和金融市场以外，非公开信息有两种截然不同的意义。

例如，企业家经常联系克里斯（Chris），向他咨询如何为"软件即服务"（Software-as-a-Service）企业的软件定价。通过他与PBworks和其他初创企业的合作，克里斯获得了通过引入新定价机制增加收入的直接运营经验。以PBworks为例，克里斯能在4年时间里将该公司最大客户的订单从不到100美元增加至接近100万美元。克里斯的定价建议建立在属于非公开信息的"隐藏"数据的基础上，但他并不会泄露关于具体客户或未来计划的任何机密。尽管肯定有人发现这些机密信息很有价值，但共享这些信息显然是不合适的。关键是，员工可以在不泄露任何机密信息的情况下与他们人脉圈的朋友打交道。

你应该鼓励员工打进攻战。直接下属应该与他们认识的人谈论团队面临的重要挑战。你应该让他们准备好询问朋友的问题，并让他们汇报了解到的信息。以下是我们可以用来向朋友提出的一些问题，但它们不适合所有行业：

- 决定我们行业发展方向的关键技术趋势（例如"大数据"）是什么？

- 其他公司（和竞争者）在做什么有用或无用的工作？

- 我们的客户感受如何？是什么激励着他们？他们有什么变化？

- 我们应该与哪些关键业内人士打交道？

- 我们行业的人才招聘趋势是什么？

- 新出现的市场竞争者有谁？他们之中谁在做值得关注的事？

为了促成融洽的对话，首先你自己应该能回答这些问题。

当然，员工应该根据自身判断给出答案并且始终保持诚实。如果某位员工与在竞争企业工作的朋友交谈，那么最好将对话引到既不是他所在公司也不是朋友所在公司的第三方竞争者上。或者，当员工将信息带回公司时，他需要对其进行匿名处理（使用"我从一个朋友那儿听说"而不是"我从……的产品总监约翰·多伊那儿听说"这种说法），或者改变某些细节以保密。

最后，确保员工会将这些信息带回公司，建立"激励"机制让员工获得的建议或信息通畅地返回管理团队。换言之，几乎没人访问的内网（更糟的是，员工的纸质笔记本）不应该是存储这些信息的唯一介质。除非信息得到共享，否则它们没有价值。每周一，里德的风险投资公司Greylock Partners都会分发一份材料，其中列出了每位合伙人本周计划会见的外部人士。其他合伙人可以交换笔记，提出可能产生有用见解或有价值关系的问题。里德还让Greylock的消费者团队（Consumer Team）定期交流他们对以下问题的答案："你本周的交谈对象中谁最有趣？"还有一种更随意的方法，风险投资公司Andreessen Horowitz以一种不寻常的方式挖掘员工的人脉情报：在每次合伙人会议开始时，这家公司都会提供100美元奖金，奖励最佳小道消息，不管它们是否得到确认。

3. 执行有助于员工建立个人人脉的计划和政策

鼓励员工积极使用社交媒体展示自己

你应该鼓励员工在外部职业圈中展示自己。多亏有谷歌和Facebook、推特和领英等社交媒体让他们可以在上面展示自己，因此你应该鼓励他们以最有利于公司的方式打造个人形象。2013 年，当网飞公司的首席执行官里德·哈斯廷斯评出网飞的前 170 名明星员工时，他发现其中有 9 人都没有领英账户。他请他们每人注册一个领英账户，因为他希望确保网飞的员工可以在公司内部找到合适的人脉节点。

你应该推行能让员工建立个人品牌并确立思想领导者地位的政策。这并不是说首席执行官应该命令每位员工开始发推特；强制员工打造个人品牌将引发他们的不满，而且在外部受众看来也不真实。同样，在Facebook上分享关于名人八卦的文章也不是正当的品牌建设——当然，名人八卦对公司业务起至关重要的作用时除外。

社交媒体活跃度可以转化为财务业绩。例如，HubSpot
员工的平均联系人数量是领英会员平均联系人数量的 6.2
倍，他们分享、评论或"点赞"的数量是平均值的 8 倍。
该公司员工在领英上拓展个人职业人脉的做法为 HubSpot 的
"人才品牌"提供了红利。该公司在领英上发布的工作机会
吸引的应聘人数是领英客户平均值的两倍。它的公司主页
有超过 5.5 万名粉丝，其中大部分都称他们对 HubSpot 的工
作机会感兴趣。

为员工建立"人脉基金"

我们在《至关重要的关系》中推荐给开创型员工的一
种方法是建立"有趣者基金"——这些资金专门用于和他
们认识的有趣的人喝咖啡和吃饭。在公司层面，类似的基
金是为员工提供的"人脉基金"。多数公司允许员工报销
商务午餐费用，但几乎没有公司允许员工报销社交午餐费
用。然而，几乎所有高管随时都会有这种饭局，而这些饭

局会让他们的公司从中受益。你不仅应该接受这种做法，而且应该期望你的员工也接受它——并汇报他们了解到的信息。

HubSpot的学习餐（Learning Meals）计划让所有员工都可以请别人出去吃饭，只要这些员工认为他们将有所收获。HubSpot的创始人兼首席技术官达梅什·沙阿（Dharmesh Shah）在他的第一家公司进行了实践，并且现在仍在使用这种方法。当他到不同城市旅行时，他总是尽量与其他企业家或他认为能够互相学习的有趣的人共进午餐。"我的一个遗憾是，我们没有一开始就在HubSpot实施学习餐政策。"沙阿说。沙阿甚至分享了一套举办这种餐会的建议和最佳做法（专家建议：选择音响效果好的餐厅，就餐人数限制在6~8人，最好是圆餐桌，这样每个人都能看到其他人）。

领英有一个类似计划，员工可以报销与业内智者共进午餐的费用，只要他们在报销报告中总结出他们从午餐中学到了什么——这正是联盟与老式人力资源策略的共通之处。

这些做法都不用花很多时间和精力，只需要一项政策和很少的开支。

为员工发言提供方便

你应该给员工一些时间，让他们在社交场合中发挥主导作用并发言。在公司外部成为思想领袖的员工将提升公司品牌和员工的个人品牌。例如，西雅图的市场营销软件初创企业 Moz 有许多鼓励员工发言的计划。"如果你在某次活动中获得发言机会，Moz 将报销差旅费和食宿费。"Moz 的创始人兰德·菲什金（Rand Fishkin）告诉我们。Moz 甚至自己为员工提供发言机会。"MozCation 计划"鼓励员工到外地出差并为 Moz 用户举办为期一天的迷你会议。

在公司办公室举行活动

你可以尝试利用公司的设施。尤其是大公司，应该举办一些会议和活动，这些活动将吸引外边的人到公司里来，让员工们更容易与他们见面和交流。

这种活动不应仅限于需要官方支持的正式活动。允许员工举办俱乐部或协会活动是鼓励外部社交的低成本方式。我们建议，任何在公司办公室举行会议的员工都应该允许其他愿意参加的员工与会（这很可能有助于建立新关系）。

在领英，任何员工都可以使用公司的任何房间、空间或设施接待任何外部团体。例如，从同性恋、双性恋及变性者（LGBT）团体到当地的演讲俱乐部都曾使用领英的设施举办会议。领英每月还在公司举行三四次业界活动。

4. 让员工与公司分享他们了解的信息

如果你没有积极听取员工从他们的人脉圈那里了解的信息并利用该信息为公司解决挑战性问题，那么这就像你每年飞了数百万英里，却没有在订机票时附上你的常旅客号码一样。资源就在那里，但你必须主动争取。如果某位员工准备带一个有趣的人外出喝咖啡或者参加会议，他就应该制订计划"充分利用"这个学习机会。员工可以通过从简单的电子邮件到准备充分的演讲等多种方式分享学到的经验。

让这种会议成为公司或团队的标准操作程序的一部分并不困难。英国奢侈品公司Linley的前首席执行官奥利弗·卡登（Olivier Cardon）介绍了他的公司如何处理这种问题："每位设计师每周都有半天——通常是周五下午——开发他们的任何创意，只要它与公司业务稍有联系。每月，每位设计师都必须向设计师同事和公司里任何想旁听的人介绍他们的研究成果。"这个计划不仅有助于建立设计师的个人人脉，还确保他们的见解能在整个公司中传播。

卡登称，这个计划帮助Linley留住了两名能力高超且思想独立的设计师，他们本来可能会离开公司。它还催生了独特新颖的产品。例如，公司的一名设计师是滑板爱好者，他与一家滑板公司的朋友合作研究制造技术。结果是，这家奢侈品企业推出了第一款融入滑板材料的耐久性和涂层的产品。

Linley让人脉情报成为整个公司的头等大事，但即使作为一名普通经理，你也可以将这些方法应用于小团队以获取类似收益。

付诸实践：领英如何利用人脉情报

从一开始，里德就将对人脉情报的重视融入了领英的公司文化。很早，他就以身作则地鼓励大家效仿。例如，他每次在外面开会都会做笔记，然后将他的发现汇报给团队。这种做法服务于两个目的。首先，它有助于领英的团队了解公司所处的竞争环境。里德和 Tribe 的创始人马克·平卡斯（Mark Pincus）以及 Friendster 的创始人乔纳森·艾布拉姆斯（Jonathan Abrams）是朋友。由于领英不和这两家社交网络竞争，因此里德能带回关于整个社交网络业的有用信息。里德还与 Web 2.0 潮流中的重要企业家和技术专家保持着密切联系。里德向团队汇报的行为和他为之付出的时间和精力证明了他重视身为公司情报员的职责。其他的早期员工效仿了他的做法，这是隐藏数据的重要来源。人脉情报有助于领英关注重要问题，并快速吸取其他公司的经验。

随着领英的成长，它开展了一系列计划，让人脉情报成为公司经营的延展与有机组成部分。例如，当员工开完某个会时，他们需要举行自带午餐会（"学习午餐会"），和同事们分享他们了解到的信息。如果员工无法亲自参加或者聚会范围不够大，他们可以登录公司的内部学习端口 LearnIn，在内网上发布见解，让其他员工都能看到。里德仍会参与这种计划，比如邀请业内重要领袖，例如马克·安德森（Marc Andreessen）和阿里安娜·赫芬顿（Arianna Huffington）等人到公司分享他们的见解。

进行对话：给管理者的建议

人脉情报需要成为联盟和任期对话的有机组成部分。当你制订一位员工的任期计划时，你对双方如何投资于人脉情报并从中获益应该有明确预期。例如，你可以问员工："我们将给你时间建立人脉，并掏钱让你参加能够拓展人脉的活动。作为交换，我们请你在工作中利用你的人脉情报帮助你和公司完成目标。"以下是关于如何进行这种对话的一些详细建议。

说明人脉情报为何对员工和雇主很重要。员工本能地

就会理解人脉为何有助于事业发展，你的工作是指出人脉
是互惠联盟的有机组成部分。记住，联盟的基础是：公司
帮助员工改变职业生涯，员工帮助公司改变自身并提高适
应力。

有太多员工参加会议或社交时会感觉有负担，产生内
疚或矛盾的心理。你需要向他们说明，公司虽不会将社交
活动作为员工福利，但会将其当作有助于公司的互惠资产。

以身作则解释公司政策。令人遗憾的是，许多公司政
策并没有得到遵守，反而被破坏。结果，员工可能不愿利
用报销社交午餐费用等政策，即使它们写在员工手册上。
你应该以身作则，鼓励员工利用这些公司政策，就像里德
早期在领英的做法一样。

示范如何正确利用个人人脉。对此，一个关键因素是
与公司同事分享你了解的信息。你应该举出你在工作中面
临的一项具体挑战，并说明你如何利用人脉解决它，从而
引出关于人脉情报的对话。这有助于建立规范，并提供实

践指导。

让每位员工列出他认识的最聪明的公司外部人士。以下是一种可以在公司或团队的集体会议上使用的技巧。你可以让团队中的每位员工列出他认识的三个最聪明的人。这种做法可以在许多方面帮助公司，比如找出可以请来为员工做演讲的专家或者可能有助于解决问题的资源。员工也能从这种做法中受益，他可以借提供发言和咨询机会来巩固这种有价值的关系。

在线资料

请访问以下网址，学习能帮助员工使用领英和其他社交平台收集并利用人脉情报的具体技巧与方法：www.theallianceframework.com/networkintel。

第七章

投资公司同事联络网
——终身联盟的互惠关系

当一家公司真正致力于维护同事联络网时，双方的价值都可以大大提升。终身雇佣制可能结束了，但终身关系仍然是人们梦寐以求的。麦肯锡的许多名声和业务都来自其强大的同事人脉，它可以提供人脉情报，推荐人才，甚至是提高销售额。

领英、特斯拉（Tesla）、YouTube、Yelp、Yammer、SpaceX（太空探索技术公司），这些公司的共性是什么？

　　它们不只是创新和巨大经济成功的案例。所有这些公司的创始人都曾经在一家公司工作过，那就是PayPal。

　　终身雇佣制可能结束了，但终身关系仍然是人们梦寐以求的，正如PayPal的前员工们比谁都清楚的，它可能极为有价值。和自由人模式不同，联盟在员工完成任期之后仍可以而且应该存在。通常，公司和员工都没有充分利用强大的公司同事人脉的好处。正如你将看到的，尽管有证据表明存在强化同事人脉的受抑需求，但几乎没有哪家公司能提出与前员工保持关系的好办法。相反，员工本身也很少意识到前同事能对他们的职业生涯起到多大帮助。

建立公司同事人脉需要的投资相对较少，在终身雇佣制不再是通行做法的年代，要维持相互信任、相互投资、共同受益的关系，这是顺理成章的下一步。

公司和员工都能从保持联盟关系中受益。当一家公司兴旺发达时，它的同事人脉看上去也会很光鲜。例如，当苹果在困境中挣扎时，谁也不想要苹果的前员工。但如今，苹果的前员工则非常抢手，尽管里德这些人在史蒂夫·乔布斯于 1997 年成功回到苹果之前就在苹果工作了。同时，当一家公司前员工的事业欣欣向荣时，这种人脉就变成了可以帮助公司的宝贵资产。例如，麦肯锡的许多名声和业务都来自其强大的同事人脉，它可以提供人脉情报，推荐人才，甚至是提高销售额。

为了最大化公司同事人脉的收益，公司应该清晰说明双方能从保持这段关系中获得的价值。幸运的是，这个任务并不困难。员工显然希望与前同事建立关系。领英（服

务）现在有超过 118 000 个公司同事群，涵盖了 98% 的
《财富》世界 500 强公司。然而惊人的是，多数同事群却与
群成员曾就职的公司几乎没有联系。

实际上，现有的公司同事群中，多数是完全与公司独
立运作的。荷兰屯特大学（University of Twente）进行的一
项研究表明，尽管受调查的公司中只有 15% 拥有正式同事
群，但另有 67% 的公司也由员工独立组织了非正式同事群。[1]
不妨想象一下这种情况——同事们非常迫切地盼望取得联
系，他们甚至肯花自己的时间和金钱建立这些群。

非正式同事群也可能变得庞大复杂。宝洁公司的同事
群完全独立于宝洁公司。尽管它 2001 年才开通，但如今
已拥有超过 25 000 名成员，以及一个慈善基金会和一个演
讲团。[2]

这些非正式同事群体现出公司的巨大（在很大程度上
是错失的）机会。其中多数群着重于同事间的互助而不是
维持成员与前公司的关系。这种做法为同事创造了价值，

却没有为公司创造价值。

当一家公司真正致力于维护同事联络网时，双方的价值都可以大大提升。那么为什么没有更多企业这样做呢？首先，让我们来分析两个充分利用了前员工（校友）价值的行业：专业服务公司和大学。

一切都与投资回报率有关

　　专业服务公司是公司同事联络网的黄金标准。麦肯锡公司从20世纪60年代起就开设了官方同事联络网，如今它已有超过24 000名成员。[3] 贝恩公司雇用了9名全职员工管理公司同事联络网。其中6人在贝恩高管网（Bain Executive Network）工作，这家网站把前员工介绍到贝恩公司的客户和其他公司担任高管职位，并提供一般的职业咨询服务。波士顿咨询集团、普华永道、德勤和其他同行也在做类似工作。

或许更重视这项工作的机构只有大学，它们雇用了大量员工印发杂志、举行校友聚会、组织郊游等。对于许多大学毕业生而言，母校是他们最强的个人和职业身份之一。

专业服务公司和大学的共性是，它们的前员工（校友）可以带来直接收入，因而投资于这种关系也是顺理成章的。专业服务公司的前员工经常推荐新客户给老东家，当他们自己就是公司高管时，也会直接成为老东家的主顾。高校校友则直接向大学捐赠大量金钱，并通过帮助高校卖球队比赛门票和校服等间接贡献收入。

在多数其他行业中，经营同事联络网的收益在金额和时间上都是不确定的，因此公司忽视了这个机会。当你推出一种新产品时，很容易计算增加的销售额，而当你开设同事联络网时，则很难衡量精确的回报，而且可能许多年都不会有回报。正如不确定性不等于风险一样，不可预测性也不等于低价值。

如果更多公司研究公司同事联络网，就会发现投资于同事联络网的成本远远低于它们的想象，而回报则远远高于它们的想象。这就是为什么创建和维护同事联络网是一个引人关注的命题和联盟的关键因素。

投资于同事联络网的四个原因

同事联络网能帮你雇到优秀人才

同事联络网帮助雇用人才的第一种方式是使员工离开公司后更容易成为"回头客"，继续另一段任期。"回头客"员工拥有独一无二的价值，因为他们可以将外部人视角与内部人掌握的公司流程与文化结合起来。如果公司在前员工离开公司的这段时间里与之保持联系和友好关系，那么他将更有兴趣回到公司。正如俗语所言，要在口渴前挖井。例如，顾问公司CEB（Corporate Executive Board）的报告称，该公司推出同事联络网CEB Alumni Network后，重新雇用率在两年内翻了一番。

雪佛龙的"桥"（Bridges）计划则更进一步。雪佛龙的前员工可以注册申请具体的签约工作。这是明显的双赢，前员工获得了可能转变为全职工作的咨询机会；雪佛龙则获得了高质量的潜在咨询师人才库，而它知道这些人才与公司文化非常吻合。[4]

前员工也可以推荐优秀的人才。考虑到专业招聘人员的成本和审查求职者的价值，请前员工进行推荐应该是最好的选择。例如，从咨询公司德勤到人力资源巨头ADP都为推荐成功入职人才的新老同事提供现金奖励。除了推荐人才以外，公司同事还可以帮助进行背景调查和判断文化契合度，即使应聘者并非由他们直接推荐。

最后，管理得当的公司同事联络网可以帮助雇主拉近与优秀应聘者的距离。应聘者不用猜测一个或多个任期可能产生的影响，而只需以前员工作为参考，了解他们是否喜欢这个工作。麦肯锡的前员工已经成为数百个价值数十亿美元公司的领导者，这有力说明了加入该公司的好处。[5] 麦肯锡让未来员工注意到了这一事实吗？当然，他们注意到了。

招聘优秀人才是很昂贵的。同事联络网只需每年介绍几名新员工，就相当于轻松节省了 6 位数的招聘费用。

前员工能提供有用的情报

前员工是人脉情报的重要来源——竞争者的信息、有效的商业实践、新兴行业趋势等。他们不仅拥有公司当前员工没有的外部信息，还了解公司如何运作。

你只需定期对前员工进行标准问卷调查就能发掘出重要的宝贵信息，例如公司作为雇主给人留下的印象、竞争者的情报和行业趋势，以及潜在客户群。在领英，当关于 WhatsApp 等新兴科技的报告和流言来自前员工而不是随机评论员时，它们将得到更认真的对待。

最后，同事还能提供急需的外部视角。公司很容易陷入自我满足，而当前员工指出忠言逆耳的现实时，他们既拥有必要的客观性，又对公司抱持着尊重和信任。例如，让一位前员工来检测新产品的测试版时，他比现任员工更可能提供诚实的反馈。

前员工能推荐客户

前员工可能成为客户或推荐客户，尤其是在这样做可以得到奖励时。实施正式的同事激励计划可能需要更多案头工作和处理流程，没有哪种财务软件包括现成的"同事奖励"模板，但这一计划的价值可能十分巨大，而给予高额奖励是开始这种计划的一个简单方法。

针对企业的公司（B2B）和针对顾客的公司（B2C）通常会采用不同方法。一个B2B客户可能代表数百万美元的收入。（还记得雇用麦肯锡的麦肯锡前首席执行官们吗？）而一个B2C客户带来的价值可能较少。B2B公司应该对直接介绍客户的人给予激励，而B2C公司应该把重点放在鼓励有影响力的人上。

前员工是品牌大使

你的公司品牌不再完全在你的控制之下。花钱打广告可以提高知名度，但草根阶层也能形成舆论，尤其是在社交媒体上。在这方面，公司员工可以帮忙，尤其是当他们不属于企业现任员工时。他们还拥有第三方优势，因此被认为更客观。他们发推特不会得到报酬，当他们在社交媒体上宣传一种产品或活动，或者回复客户或潜在客户的推特时，他们拥有当前员工无法复制的可信度。

总之，公司同事联络网越巩固公司品牌，就越容易利用该联络网招聘人才、获取人脉情报和推荐客户。

但公司同事联络网的回报（return），只是投资回报率（ROI，return on investment）中的"R"，接下来我们来分析"I"，即对同事联络网的投资水平（investment）。

对同事联络网的三种投资水平

公司对同事联络网的投资从低到高连续递增。适合你公司的投资水平取决于公司所处的具体环境。

1. 忽略。 如果你的全球公司总部也是你的配偶晚上停放普锐斯（Prius）的地方，那么你的初创企业开始建立同事联络网可能为时尚早。但是，一旦你的公司同事基数达到几十人或上百人，忽略它就意味着公司错过了重要机会。记住，非正式同事群是为群主的利益运作的——公司无法控制或影响它对公司的回报。

2. **支持**。这种投资水平需要与同事群的组织者建立直接联系，以提供非正式支持，这种支持主要是临时性的。方法很简单，只要问："我们能为你做什么？"这种低成本支持的例子包括维护电子邮件联系人列表，掏钱为前员工聚会购买比萨，以及支持前员工的独立工作。几乎任何公司都应该支持它们的前员工，因为维持一段持续关系的成本很低，并且能带来潜在收益。埃森哲（Accenture）就是一个好例子，它说明了如何花很少投资就能带来巨大收益。这家咨询公司的领英群有 31 000 名成员选择从公司接收最新消息和职业信息，更重要的是，他们愿意彼此交流。[6]正因为有这些活跃的前员工，埃森哲雇用了更多"回头客"人才，从而节省了大量招聘费用。

3. **投资**。这种投资水平需要向前员工提供正规基础设施和系统性收益。这些公司通常直接管理官方同事群，有专门（全职或兼职）维护同事群的员工，为前员工提供福利（例如员工商店折扣），并与其他部门的员工协调合作以便向前员工收集人脉情报。尽管这一级投资有实际成本，但希望真正将前员工融入关键流程和计划的公司需要付出这种努力以获取相关收益。

例如，哈佛商学院曾聘用克里斯管理哈佛商学院的高科技行业校友会。该学院首先明确需求、招聘人才，然后对他的工作进行投资。这种投资包括提供管理校友会的网络设施，以及邀请校友会管理者参加所有哈佛商学院校友会的年会。

eBay采用了投资模式。例如，该公司会举办和资助员工活动，这明显照搬了大学校友会模式。正如首席执行官约翰·多纳霍告诉我们的，"我们将组织约100人的'2004级'（2004年加入公司）的员工聚餐。我们让员工们相互转告，前来参加。这是回忆共同经历，与eBay重建联系的绝佳机会"。

付诸实践：领英的公司同事联络网

　　和多数初创企业一样，领英没有立即建立同事联络网。作为一家高科技初创企业，它几乎没有时间做开展业务以外的事。经过多年的迅速成长，它的现任员工人数已超过了不是很多的前员工。

　　然而，随着公司进入成熟期，前员工人数也在增长，显然，建立正式的同事联络网将是一项不错的长期投资。考虑到公司发展，管理层预期前员工人数将在接下来5年迅速增长。在这种增长出现前建立同事联络网是有必要的。

结果，该公司从象征性支持自然产生的非正式同事联络网转而真正投资于官方同事联络网。

2013 年底，领英建立了官方同事联络网，以延续与超过 1 000 名前员工的联盟关系。该公司决定体现出包容性——毕竟，它的商业模式就是基于网络的力量，这意味着所有声誉良好的前员工都将受邀加入。这个同事联络网是领英（服务）上的一个群。在这个群里，领英人力资源部的员工会贴出关于该公司的新闻（这些新闻是根据现有公司内部的电邮通信重新编辑而成的，因此几乎无须增加工作量）。群主与运营经理合作，在群里提出可能有用的问题，比如："有人听说过关于谷歌新手机的有价值信息吗？"或者："要在现在的工作中取得成功，你们需要什么信息吗？"

所有加入领英群的前员工将定期（最多每季一次）收到一封电子邮件，邮件中总结了公司的最新动态、与前员工有关的新闻，并附有一个调查问卷链接，问卷中的问题

包括："你最喜欢的新手机软件是什么？谁应该成为我们
'影响力人物'出版平台上的新参与者？"

为了鼓励大家参与，传递联盟的力量，领英为前员工
提供了各种礼物。每位前员工都将获赠领英（服务）的免
费高级订阅资格。如果他们推荐了客户或者人才（且被录
用），领英将送给他们精美礼品和致谢信以示感谢。

除了这个一般群，领英还维护着一个仅凭邀请才能加
入的群，它是专为最有价值、最杰出的前员工设立的。这
样，领英和这些前员工就能更多地投资于彼此的关系（并
从中获益），这种投资程度是普通员工可望而不可即的。高
管团队根据前员工在职时和离职后对公司的贡献或者在职
业生涯中取得的业内成就，人工挑选群成员。对于杰出的
前员工，领英还会专门邀请他们参加公司活动，例如作
为黑客马拉松的裁判，或者加入与里德和外部嘉宾——比
如 Facebook 的谢丽尔·桑德伯格（Sheryl Sandberg）和
WordPress 创始人马特·穆伦维格（Matt Mullenweg）的炉

边谈话。

就算加在一起，这种公司同事联络网给领英增加的成本也很少。如上所述，多数内容都是根据现有资料修改而来，而为推荐人才或者提供人脉情报的前员工提供礼品的现金成本与招聘费用或雇用咨询师和外部分析师的费用相比简直微乎其微。

你的公司同事联络网是潜在的利润中心，而不仅仅是一项成本。而且它是一个你欢迎新雇佣联盟的有力信号。因此，你应该列出一份包括所有前员工的名单——如果你还没有公司同事联络网，并将他们视为有待开发的资源。终身雇佣制可能结束了，但是你可以而且应该与人才保持有价值的终身关系。

在线资料

请访问以下网址，学习其他公司如何建立它们的同事联络网，并加入交流：www.theallianceframework.com/alumni。

THE ALLIANCE

Managing Talent
in the Networked Age

第八章

发挥同事联络网的功效

所有健康的关系都是从考虑如何互助开始的。公司同事联络网可以作为招聘过程中的卖点，也可以让现有员工简单明了地获取人脉情报，甚至在员工离职时，同事联络网能够巩固公司与他们的终身联盟关系。

建立同事联络网的策略与技巧

以下是为你的公司建立并利用公司同事联络网的分步指南，它既适用于单独部门，也适用于整个公司。

1. 决定同事联络网的成员

组建同事联络网的一个简单方法是将所有前员工——明星员工、公司中层和最初级员工包括在内。如果前员工或者他们所在的新公司面临未决法律诉讼或类似情况，则应该将他们剔除。由于某些原因（例如性骚扰或盗窃）被解雇的员工也应该剔除。可能还要根据情况剔除承包商和实习生。

门槛太低可能会使情况变得复杂。如果员工为竞争对手工作怎么办？如果他们对同事联络网不利怎么办？如果他挖走公司人才怎么办？如果他在离职后向媒体说公司坏话怎么办？你应该保留将行为不当者逐个"开除"出同事联络网的能力。

建立"杰出"同事联络网需要对这些难题有一个更清晰、更长久的解决方案。这样，公司就可以区别对待不同的前员工，并选择向他们提供何种福利。经理也可以向忠实的前明星员工提供更高水平的服务，以换取更高水平的回报。这些人可能在干一番大事业，是自己社交圈子的中心，因此他们对公司可能非常有价值。此外，失去"杰出"前员工福利的威胁还可以成为防止不良行为的"大棒"。

2. 明确定义与前员工关系的期望和收益

与前员工的关系，就像雇佣联盟的其他部分一样，是互惠的。为了从前员工身上获得收益，公司需要向他们提供真实收益作为回报。

对前员工提供奖励和参与机会的最常见做法包括：

员工推荐奖金：如果聘用优秀员工如此重要，为什么不让这个过程变得更简便易行呢？你可以向前员工邮件列表中的联系人发布招聘职位，并向成功推荐人才的前员工提供奖金。

产品折扣和白名单：微软的前员工将得到最高为90%的微软公司商店折扣。[1]领英有时会将一些前员工加入产品测试版的"白名单"，让他们可以提早试用产品。这既是向前员工提供的福利，也是从消息灵通但更客观的来源征求对产品的建设性反馈的机会。

举办活动：举办活动让公司可以利用面对面互动巩固

同事关系。这就是为什么每所高校都会定期举办校友聚会——这是校友参与的主要动力，还可以进一步带来校友捐款。举办校友联谊会是一种非常简单直接的做法。你还有其他创意选择，例如邀请前员工参加公司年会或公司活动。

为杰出前员工颁发官方荣誉：公司应该考虑借鉴面向消费者的企业（例如亚马逊、eBay和Yelp）的榜样做法，这些公司分别向杰出前员工授予最佳评论人奖、实力卖家奖和精英成员奖的实体奖章。高校也会向杰出校友颁发荣誉和勋章。公司可以给予杰出前员工官方奖励，让他们以身为这个精英团体的成员为荣。当然，一些公司不愿意公开表示对某些前员工的偏爱；你必须衡量表示这种偏爱带来的收益是否超出成本，任何公开奖励或认可也是如此。

向前员工通报最新消息：向前员工通报最新消息不仅对前员工有好处，而且对公司也有好处。前员工越了解公司当前所处的环境，他们能提供的意见和帮助就越实际。

例如，微软为前员工提供"测试版"软件的提前试用权。当前员工通过媒体而不是公司本身得知令人不快的信息时，其有权视之为联盟破裂。

3. 建立周详的离职机制

没有在离职面谈中与员工巩固终身关系，就像在展销会上摆摊却没有从驻足者那里要到商务名片一样——这等于错失了一个巨大机会。公司花了大量时间和精力建立良好关系，为什么将它弃之不顾？首先，员工离职时，你应该判断是否有高管愿意邀请他加入杰出前员工联络网。然后，你应该从离职员工那里收集公司维持长期关系所需的全部信息，包括联络方式、专业知识以及员工未来希望向公司提供的帮助。终身雇佣制已经结束，因此公司不应依赖于你与员工的个人关系，你应该同时与其建立公司层面和个人层面的联系。公司或工作团队应该建立一个包括所有前员工下列信息的数据库：永久电邮地址、电话号码、领英档案、推特账户、博客地址和其他类似信息。

4. 建立现员工和前员工的联系

公司同事联络网活跃起来以后，它的价值不会自动体现。如果没有人提醒，忙碌的前员工可能想不起发送信息，现员工可能想不起向前员工征求意见和请他们帮助解决问题。

高级经理应该在需要前员工做出贡献之前建立利用人脉情报的正式计划和流程。这些工作可能包括组建前员工咨询委员会、编制向现任员工和杰出前员工发送的专题邮件列表、定期组织有现任高管出席的前员工活动。这些工作应该是组织内部问题解决流程的标准组成部分。

有些公司会有意识地联系前员工并体现出对他们的信任，市场营销软件公司HubSpot就是一个例子。HubSpot的同事联络网是一个由前员工管理的非正式群，但它与公司保持着密切联系。"一些高管会参加每次的同事聚会。"HubSpot的创始人之一、首席技术官达梅什·沙阿告诉我们,"高管通常会主持30分钟至40分钟的开场问答会,此环节名为'随便问',前员工可以提出关于公司的任何问题,包括'什么让你夜不能寐?''现在的客户维系度如何?'"这是公众无法获得的保密信息。

公司还应该邀请前员工参加公司的重要庆典活动。当领英进行首次公开募股(IPO)时,里德专门邀请前员工参加庆典,并感谢他们做出的贡献。他有一些用领英早期支持者形象制作的个性化晃头娃娃,一共45个,其原型多数都是首次公开募股前在领英工作过的老员工。

进行对话：给管理者的建议

所有健康的关系都是从考虑如何互助开始的。在所有对话中，你都应该从员工的角度出发。

你需要在三个时间与直接下属谈论同事联络网：在招聘过程中，在员工受雇时，在员工离职变为前员工时。每次的谈话内容都应该有所区别。

用同事联络网作为招聘过程中的卖点。巧妙运用统计数据和小故事，可以让招聘过程事半功倍。还记得转变期的承诺吗？任期将改变你的整个职业生涯，而同事联络网有助于确保实现这个承诺。如果能提到公司同事联络网的规模、影响范围和活动当然很好，但要真正有说服力，你应该举出具体的个人例子，说明同事联络网如何在职场内外为你提供帮助。

让现任员工能够简单明了地利用同事联络网获取人脉情报。由于多数公司都没有正式的同事联络网，因此员工们几乎没有在工作中利用这些人脉的经历。身为管理者，你应该在会议上将它推荐给同事："看，我们不能问问以前的同事约翰·多伊吗？他现在可是一家广告公司的主要设计师。"你可以群发优秀前员工的领英档案地址，提醒员工他们可以利用这些资源。

在员工离职时巩固终身联盟关系。你应该在离职面谈时强调，尽管这段雇佣关系可能结束了，但联盟将继续存在，不仅存在于你们两人之间，也存在于他和公司之间。

尽管有时这种对话围绕着各种情绪，但你应该把它视为一个机会。因为终身雇佣制退出了历史舞台，但终身联盟仍将存在。

在线资料

请访问以下网址，查询实用建议、电子邮件示例和实际案例研究：www.theallianceframework.com/alumni。

回想终身雇佣制年代，尽管这种模式缺少灵活性，因而不那么适应网络年代，但它的确能够鼓励长远思考。在 20 世纪 50 年代至 60 年代，我们大量投资于未来，这才创造出推动信息时代的科技。

随后出现的自由雇佣制年代，也就是我们仍然身处的年代，将我们带离长期投资，走向注重当下满足的短视思维。记住：没有员工忠诚的企业就是没有长远考虑的企业。没有长远考虑的企业就是无法投资于未来的企业。无法投资于未来机会和科技的企业就是正在走向灭亡的企业。

《联盟》建立了一种鼓励公司和个人相互投资的工作

模式。不妨设想一个管理者和员工坦诚交流彼此目标和时间表的环境；一个管理者和团队成员商定的工作内容与其价值观与理想相符的环境；一个即使员工到了另一家公司，也能与公司继续保持互惠关系的环境。

这种环境以及雇佣文化已经在硅谷成形，我们期望联盟的原则普及到所有行业乃至全球。相互投资可以为公司和员工创造巨大价值。即使联盟停止产生影响，它也是一种值得采纳的人才机制。

但联盟的影响范围远远超出了公司的院墙。

改善职场关系的微环境对社会有重大影响——从工作到工作，从团队到团队，从公司到公司。联盟与改革教育体系或监管制度等宏观经济议题相比似乎只是一件小事，但它是一件我们所有人现在就能采纳，并将在未来逐渐产生巨大回报的小事。

近半个世纪的趋势不是轻易能消除的。但通过《联盟》这本书，我们希望提供一个能够改变你、你的团队、你的公司，乃至整个经济运行方式的框架。

我们三人开始了一段共同的任期，即写作这本书，因为我们认为当合适的人才在拥有合适理念的公司中遇到合适的机会时，就会发生神奇的转变。

现在轮到你建立能够改变你公司和职业生涯的联盟了。

里德、本和克里斯，于加利福尼亚州帕洛阿尔托

www.theallianceframework.com

联盟声明样本

这份联盟声明为你提供了与员工商议转变期计划时可以使用的范本。你应该根据情况制订计划（例如社交预算）和政策，以反映公司和你领导的团队所处的具体环境。联盟声明既应该根据员工的个人目标做到个性化，又应该体现出公平，而这正是适用于所有团队成员的一般政策和原则。

"我"＝管理者

"我们"＝管理者和员工

"我们公司"＝公司

在大型组织中，公司高管和人力资源领导应该致力于根据公司需求建立个性化联盟，但也应该允许经理有调整联盟以适应团队的回旋余地。

你可以访问我们的网站（www.theallianceframework.com）下载这份联盟声明的电子副本。

开场白

- 欢迎你加入我的团队。

- 我将我们的关系视为需要互相帮助的联盟。

- 我们可以通过这份联盟声明列出彼此的期望，这样就能充满信心地对这段关系和彼此进行投资。

- 我希望你帮助公司做出改变。

- 作为回报，我和公司需要帮助你提高你的市场价值并改变你的职业生涯（最好是在本公司内）。

· 尽管我不承诺提供终身雇佣保障，你也不承诺永远在这里工作，但我们将致力于保持长期联盟，即使这段雇佣关系结束。

第一条：你的任期计划

· 你的任期计划规定了你将为我和公司所做的事，它还规定了公司和我将为你的职业生涯所做的事。

· 尽管你、我或公司都没有法律义务，而且计划总会变化，但现在我们都承诺在相互信任的基础上完成这个任期。这意味着如果我们朝着共同目标进步，公司将不会开除你，而你也不会离职。

· 随着我们加深相互投资和相互承诺，有朝一日我们可能会决定对彼此做出长期的基础期承诺。

预期

- 我们公司预期当前任期包含了你执行下列任务目标所需的时间_____

- 我预期这段任期将大约持续_____

- 以下是公司认为一段成功的任期应产生的成果（推出产品、改善流程、提高销量等）_____

- 以下是你认为一段成功的任期应产生的成果（获得知识、技能、成就、认可等）_____

- 随着这段任期临近结束（大约从现在起 12 个月以后），我们将讨论这段任期结束之后你的意向。如果你决定留在本公司，我们可以制订新的任期计划；如果你决定去另一家公司，我们可以讨论如何安排这段交接期。

第二条：协调

- 你、我和公司都拥有核心目标和价值观。
- 我们将进行合作，尽可能地协调三方的目标和价值观，并理解它们不会百分之百相同。

- 我将列出我的核心目标和价值观，并就我所知列出具体严谨的公司核心目标和价值观。
- 我们欢迎你对这些核心目标和价值观提出反馈和建议。
- 我希望了解你的核心目标和价值观，即使它们与我和公司的核心目标及价值观不同。它们是_____
- 我们将合作为你的职业道路制定共同预期。
- 我们将认可你的商业素养和实现公司核心目标以及价值观的能力。

- 如果存在差距，我们将坦诚积极地解决它们，而不是忽略它们，任其滋长并破坏我们的联盟。

第三条：人脉情报

- 你的职业人脉是一项宝贵资产，对你和你的职业，对我和公司都是如此。
- 人才，包括公司以外的人才，是解决商业挑战的重要信息和意见来源。
- 公司和我将给你时间建立和完善人脉，作为交换，我们要求你利用人脉帮助我们实现你的任务目标并帮助企业取得成功。

- 我将清楚了解你可以与人脉圈分享的非公开、非保密信息。

- 尽管这点并不一定明确规定，但你可以随意利用公司的设备（例如电脑或智能手机）和上班时间建立职业人脉，让你在领英和推特等社交媒体上活跃瞩目。

- 你可以报销最高金额为 × 美元的任何活动费用、会议费用或俱乐部会费，只要你认为它有助于建立你的职业人脉。如果发生大额费用，请先征求我的意见，我会尽量批准你的要求。你有责任与我和同事分享你了解到的信息。

- 你可以使用公司设施举办外部社群聚会或活动。

第四条：同事联络网

原则

- 对于我们多数人而言，终身雇佣制已经结束了，但一段有价值的关系应该持续下去。

- 如果你已经离开公司而且信誉状态良好，我们将邀请你加入我们公司的同事联络网。

- 公司和身为前员工的你将组成联盟，并秉持相同的原则：相互信任、相互投资、共同受益。

- 作为一名现任员工，请随意借助同事联络网解决当前的商业挑战。

预期

- 公司和我承诺向你通报公司的最新情况，包括你可能感兴趣的咨询项目或新职位。

- 当公司或我认为你有办法帮助我们时，希望你能考虑我们的请求，当然你可以拒绝。

- 公司将提供工具（例如邮件列表、群、企业社交网络）帮助你利用新老员工掌握的知识。

目标协调练习：我们钦佩的人

　　我们在讨论目标协调时，曾经提到了解员工价值观的重要性，以及询问对方钦佩的对象及其原因的技巧。下面的例子说明了如何完成这个练习——首先列出我们钦佩的三个人，对每人最欣赏的三个品质，然后严格按照对这些品质的重视程度进行整体排序。

里德

1. 马丁 · 路德 · 金

一位伟大的英雄，他的远见和勇气仍然激励着所有美国人乃至全世界。

· 远见

· 勇气

· 爱心

2. 居里夫人

科学巨匠，她证明你不需要身为大机构的领导也能挑战重大难题，发挥聪明才智，为后人开辟出一条道路。

· 智慧

· 独立思考

· 奉献精神

3. 安德鲁·卡内基

一位实业家，他成为慈善家的经历在几十年中像灯塔一样指引着世人。

- 慷慨

- 领导力

- 企业家精神

为品质排序

1. 爱心

2. 勇气

3. 奉献精神

4. 智慧

5. 慷慨

6. 远见

7. 领导力

8. 企业家精神

9. 独立思考

克里斯

1. 亚伯拉罕 · 林肯

有史以来最伟大的美国人。他面临的挑战在美国总统中前无古人，后无来者，他还让这个国家重新团结一心。

- 同情心
- 无私
- 感染力

2. 弗雷德 · 罗杰斯（Fred Rogers）

他或许是有史以来最善良的人，他影响了数百万孩子的生活。

- 包容
- 真诚
- 友善

3. 戴维·帕卡德

惠普创始人，硅谷教父之一，有史以来最伟大的企业管理者之一。

- 首创精神

- 可信

- 慷慨

品质排序

1. 真诚

2. 无私

3. 首创精神

4. 可信

5. 包容

6. 友善

7. 同情心

8. 慷慨

9. 感染力

本

1. 本杰明 · 富兰克林

孜孜不倦的发明家，美国的缔造者之一，卓有成效的
外交家。

- 自我完善

- 企业家精神

- 国际主义

2. 大卫 · 福斯特 · 华莱士

作家，他解读人类本性和现代世界的能力无人能比。

- 好奇心

- 幽默

- 热情

3. 乔达摩 · 悉达多（佛祖）

精神领袖，他关于生命意义的教诲改变了世界。

- 淡定

- 平和

- 克制

对品质排序

1. 好奇心

2. 幽默

3. 平和

4. 企业家精神

5. 克制

6. 热情

7. 自我完善

8. 淡定

9. 国际主义

学以致用

写作本书的过程中，我们遇到了无数吸引人的题材，但我们认为它们不适合这本书。例如，当我们讨论人脉情报政策中的社交媒体时，我们真的想有机会详细分析这个问题。

我们还发现，当把本书草稿拿给我们认识的优秀管理者看时，他们提出了许多有见地的问题和实际考量，帮助我们改进了观点和建议。现在，这本书呈现在公众面前，我们期望你——亲爱的读者，提出更多问题和改进建议。

或许你的行业正在发生独一无二的变化，而你希望知道联盟需要如何适应这些变化。或许最适合你公司的任期制度也发生了变化。

这就是为什么我们开设了TheAllianceFramework.com。这个网站和相关的领英群将作为提供更多内容、交互评价甚至是实用工作表和培训指南的信息中心，以拓展我们对联盟的集体理解。

你还可以找到关于主旨演讲、培训班和网络研讨会的信息。

我们邀请你加入TheAllianceFramework.com，帮助我们研究这些问题，并帮助你将联盟精神融入你的公司。

THE | **ALLIANCE** | 致 谢 | Managing Talent in the Networked Age

　　感谢我们的家人在每晚和周末给予我们的支持与耐心——米歇尔、杰茜、阿莉莎（以及贾森和玛丽萨）。感谢蒂姆·沙利文和他在哈佛商业评论出版社的同事帮助这本书问世，感谢《哈佛商业评论》的贾斯廷·福克斯鼓励我们将"任期"理念提出来。我们团队中的莉萨·迪莫纳、布雷特·博尔科维、赛义达·萨皮瓦、伊·哈里森和伊恩·阿拉斯在组织和编辑方面提供了重要支持。

　　杰夫·韦纳是提出任期理念的重要合作伙伴。领英的迪普·尼沙尔、帕特·瓦多斯、迈克·加姆森、凯文·斯科特、尼克·贝斯比斯、凯利·帕尔默和丹·夏皮罗提出的反馈和案例为本书增色不少。

约翰·多纳霍、埃里克·施密特、肯·切诺特、阿尼尔·布斯里、约翰·莉莉、里奇·莱塞、布拉德·史密斯、里德·哈斯廷斯、琳达·罗滕贝格、拉斯·哈吉、尼尔·菲茨杰拉德和穆赫塔尔·肯特也提供了有价值的反馈。

这些反馈和支持非常宝贵，但和以往一样，我们仍将为本书遗留的任何错误负责。

第一章　互联网时代的雇佣关系

1. See http://www.nytimes.com/2001/04/08/business/off-the-shelf-after-the-downsizing-a-downward-spiral.html.

2. John Hagel III, John Seely Brown, and Lang Davidson, *The Power of Pull: How Small Moves, Smartly Made, Can Set Big Things in Motion* (New York: Basic Books, 2010), 12.

3. Harold Meyerson, "The Forty-Year Slump: The State of Work in the Age of Anxiety," *The American Prospect*, November 12, 2013, http://prospect.org/article/40-year-slump.

4. Ibid.

5. Towers Watson 2012 Global Workforce Study, *Engagement at Risk: Driving Strong Performance in a Volatile Global Environment*, July 2012, http://www.towerswatson.com/en-AE/ Insights/IC-Types/Survey-Research-Results/2012/07/2012-Towers-Watson-Global-Workforce-Study.

6. Susan Adams, "Trust in Business Falls Off a Cliff," *Forbes*, June 13, 2012, http://www.forbes.com/sites/susanadams/2012/06/13/ trust-in-business-falls-off-a-cliff/.

7. Reed Hastings, "Netfl ix Culture: Freedom & Responsibility," August 1, 2009, SlideShare presentation, http://www.slideshare. net/reed2001/culture-1798664.

8. "Pixar Total Grosses," *Box Office Mojo*, http://boxoffice mojo.com/franchises/chart/?id=pixar.htm.

9. David Lazarus, "A Deal Bound to Happen," *SF Gate*, January 25, 2006, http://www.sfgate.com/business/article/A-dealbound-to-happen-2505936. php.

10. Jack Clark, "How Amazon Exposed Its Guts: The History of AWS's EC2," *ZDNet*, June 7, 2012, http://www.

zdnet.com/how-amazon-exposed-its-guts-the-history-of-awss-ec2-3040155310/.

11. Larry Dignan, "Amazon's AWS: $3.8 Billion Revenue in 2013, Says Analyst," *ZDNet*, January 7, 2013, http://www.zdnet.com/amazons-aws-3-8-billion-revenue-in-2013-says-analyst-7000009461/.

第二章 任期制

1. "People Operations Rotational Program," https://www.google.com/about/jobs/search/#!t=jo&jid=3430003.

2. "Careers at Facebook: Product Manager Rotational Program," https://www.facebook.com/careers/department?dept=product-management&req=a0IA000000CwBjlMAF.

3. Rachel Emma Silverman and Lauren Weber, "An Inside Job: More Firms Opt to Recruit from Within," *Wall Street Journal*, May 29, 2012, http://online.wsj.com/news/articles/SB10001424052702303395604577434563715828218.

4. Reid Hoffman, "If, Why, and How Founders Should Hire

a 'Professional,'" *CEO*, January 21, 2013, http://reidhoff man. org/if-why-and-how-founders-should-hire-aprofessional-ceo/.

5. "Rich Corporate Culture at McDonald's Is Built on Collaboration," *Financial Post*, February 4, 2013, http:// business.fi nancialpost. com/2013/02/04/ rich-corporate-culture-atmcdonalds-is-built-on-collaboration/.

6. Kim Bhasin, "Jeff Bezos Talks About His Old Job at McDonald's, Where He Had to Clean Gallons of Ketchup off the Floor," *Business Insider*, July 23, 2012, http://www.business insider.com/ jeff-bezos-reflects-on-his-old-job-at-mcdonalds-2012-7.

7. Anne Fulton, "Career Agility: The New Employer-Employee Bargain," blog post, March 21, 2013, http://www. careerengagementgroup.com/blog/2013/03/21/career-agility-thenew-employer-employee-bargain/.

8. Jeffrey Pfeffer, "Business and the Spirit: Management Practices That Sustain Values," Stanford University Graduate School of Business Research Paper Series, no. 1713, October 2001, https://gsbapps.stanford.edu/researchpapers/library/1713.pdf.

第三章　任期中的协调

1. Dallas Hanson and Wayne O'Donohue, "William Whyte's 'The Organization Man': A Flawed Central Concept but a Prescient Narrative," September 21, 2009, DOI 10.1688/1861-9908_mrev_2010_01_Hanson, http://www98.griffith.edu.au/dspace/bitstream/handle/10072/36379/68117_1.pdf; jsessionid=1 7A80215986F988028592EC7D30739DE?sequence=1.

2. John Bell, "Why Mission Statements Suck," June 13, 2011, http: //www. ceoafterlife. com/leadership/why-mission-statementssuck-2/.

3. Sharlyn Lauby, "Company Values Create the Foundation for Employee Engagement," *HR Bartender* (blog), November 6, 2012, http://www.hrbartender.com/2012/employee/companyvalues-create-the-foundation-for-employee- engagement/.

4. Adam Bryant, "Neil Blumenthal of Warby Parker on a Culture of Communication," *New York Times*, October 24, 2013, http://www.nytimes.com/2013/10/25/business/neil-blumenthalof-

warby-parker-on-a-culture-of-communication. html.

5. See http: //en. wikiquote. org/wiki/Theodore_Roosevelt.

6. The Importance of Connecting with Colleagues,"
Bloomberg BusinessWeek, June 10, 2010, http://www.businessweek.
com/magazine/content/10_25/b4183071373230.htm#p2.

第五章　利用员工人脉获取情报

1. Bill Gates, Business @ *the Speed of Thought: Using a
Digital Nervous System* (New York: Warner Books, 1999), 3.

2. Deborah Ancona, Henrik Bresman, and David Caldwell,
"The X-Factor: Six Steps to Leading High-Performing
X-Teams," *Organizational Dynamics* 38, no. 3 (2009), 217–224.

第七章　投资公司同事联络网

1. Joe Laufer, "Corporate Alumni Programmes: What
Universities Can Learn from the Business Experience,"
November 5, 2009, SlideShare presentation, http://www.

slideshare.net/joeinholland/ what-universities-can-learn-from-corporate-alumniprograms#btnNext.

2. Emily Glazer, "Leave the Company, but Stay in Touch," *Wall Street Journal*, December 20, 2012, http://blogs.wsj.com/atwork/2012/12/20/leave- the-company-but-stay-in-touch/.

3. See the McKinsey & Company website for more information on its alumni program: http://www.mckinsey.com/alumni.

4. See the Chevron Alumni website for more information, http://alumni.chevron.com/chevron- careers/chevron-bridgescontract-positions.html.

5. As referenced on the "McKinsey & Company: A Community for Life" page, http://www.mckinsey.com/careers/a_place_to_grow/a_community_for_life.

6. "Official Accenture Alumni Network," http://www.linkedin.com/groups/ Official-Accenture-Alumni-Network-82182/about.

第八章 发挥同事联络网的功效

1. Benefi ts of membership in the Microsoft Alumni Network and Microsoft Alumni Foundation are explained at http://www.microsoft.com/about/en/us/alumni/default.aspx.